导游词模拟讲解实训

主　编　陈碧华

副主编　崔晓霞　史世华　梁红霞

参　编　兀　婷　陈丽华　贾　璇
　　　　李佳佳

北京理工大学出版社

BEIJING INSTITUTE OF TECHNOLOGY PRESS

图书在版编目（CIP）数据

导游词模拟讲解实训 / 陈碧华主编. -- 北京： 北
京理工大学出版社， 2025.1.
ISBN 978-7-5763-4943-6

Ⅰ. K928.9

中国国家版本馆CIP数据核字第20254X3U35号

责任编辑：龙　微　　　　**文案编辑**：邓　洁
责任校对：刘亚男　　　　**责任印制**：施胜娟

出版发行 / 北京理工大学出版社有限责任公司
社　　址 / 北京市丰台区四合庄路 6 号
邮　　编 / 100070
电　　话 / （010）68914026（教材售后服务热线）
　　　　　　　（010）63726648（课件资源服务热线）
网　　址 / http：//www.bitpress.com.cn

版 印 次 / 2025 年 1 月第 1 版第 1 次印刷
印　　刷 / 定州市新华印刷有限公司
开　　本 / 889 mm × 1194 mm　1/16
印　　张 / 10
字　　数 / 209 千字
定　　价 / 78.00 元

　　行走于壮丽山河，穿梭于千年古迹，一段引人入胜、充满魅力的讲解，往往是一次难忘旅程的灵魂所在。优秀的导游讲解，绝不仅仅是信息的简单传递，它是一门融合了深厚文化底蕴、精湛语言艺术、敏锐观察能力与灵活应变技巧的综合学问。它如同一位无形的引路人，将冰冷的景观化为生动的故事，将沉睡的历史唤醒为鲜活的画卷，让游客在感官愉悦的同时，获得心灵的启迪与文化的共鸣，从而真正实现"游有所乐，行有所获"。

　　在文旅深度融合、游客体验需求日益多元化的今天，具备卓越的讲解能力，已成为导游职业素养的核心竞争力，也是提升旅游目的地吸引力、传播地域文化软实力的关键一环。

　　然而，掌握这门艺术并非易事。它要求讲解者不仅拥有广博的知识储备，更需要将知识转化为流畅、生动、富有感染力且符合场景需求的口头表达。许多有志于投身导游行业或期望提升自身讲解水平的朋友，常常面临这样的困境：理论知识丰富，却难以在实地讲解中灵活运用；面对浩如烟海的景点资料，不知如何提炼重点、组织语言；渴望表达生动，却苦于缺乏有效的训练方法和实战模拟的机会；对于如何把握不同游客群体的兴趣点、应对讲解中的突发状况，更是感到经验不足，信心欠缺。这些痛点，阻碍了个人职业能力的提升，也在一定程度上影响了旅游服务的整体品质。

　　正是深切洞察到这一普遍需求与实践痛点，我们精心策划并编写了本书。本书的核心使命，就是为广大的旅游从业者、导游资格备考者、旅游专业学子以及对导游讲解艺术怀有浓厚兴趣的社会人士，提供一套系统化、实战化、可操作性强的训练指南。它摒弃了单纯的理论灌输，立足于"能力本位"，致力于搭建一座从知识积累到技能娴熟、从课堂学习到现场实战的坚实桥梁，帮助学习者在模拟真实场景的反复锤炼中，真正掌握导游讲解的精髓，提升综合服务素养。

　　本书在内容架构与教学设计上，进行了精心的构思与创新。全书采用模块化设计，以任务驱动学习进程，确保知识的系统性与训练的渐进性。模块一包含 3 个核心任务，致力于夯实讲解的根基。它深入剖析了一名优秀导游在讲解前、讲解中、讲解后应具备的核心素养与行为规范，涵盖了从仪容仪表、语音语调、态势语言等外在呈现技巧，到知识储备、信息筛选、逻辑构建等内在内容组织能力，再到服务意识、沟通技巧、职业道德等软性素养的全面要求。通过本模块的学习，学习者能够建立起对高质量导游讲解的清晰认知框架，为后续的专项技能训练打下坚实基础。

模块二的内容是本书的主体与精华所在，精心选取了山西省最具代表性和文化价值的15个精华景点（如云冈石窟、平遥古城、悬空寺、应县木塔、晋祠、壶口瀑布、乔家大院、雁门关等），构成了15个具体而微的训练任务。每一个任务都是一个完整的闭环训练单元，其设计匠心独运，环环相扣。

本书区别于同类教材的核心特色，集中体现在以下几个方面：

1. 深度对接岗位，强调实战应用

内容设计与筛选绝非闭门造车，而是紧密围绕导游实际工作流程中的核心任务和关键能力需求。无论是知识点的选取、范文的编写，还是模拟情景的设置，都力求最大程度地还原真实工作场景，确保学习者所学即所用。书中实践环节的设计，尤其注重模拟导游岗位群面对的真实挑战，引导学习者将知识技能无缝转化为解决实际问题的能力。

2. "学训一体"的高效模式

本书突破传统教材"先理论后实践"或"理论与实践脱节"的窠臼，创新性地构建了"基础知识互动学习＋沉浸式模拟讲解"的融合教学模式。尤其在模块二中，通过"知识点—范文赏析—情景模拟"的递进式链条，将知识输入、范例引导、技能输出紧密结合，形成一个高效的学习闭环。学习者在对知识进行理解内化后，立刻进入模拟实战进行应用和检验，再通过反思改进，实现能力的螺旋式上升。这种模式极大提升了学习效率和转化率。

3. 以学习者为中心，激发互动与潜能

教学设计始终贯彻"以学习者为主体，教师（或自学者）为主导"的理念。模拟实训环节天然要求学习者主动参与、积极思考、大胆表达。鼓励学习者之间进行角色扮演、互评互助（生生互动），也提倡在指导者引领下进行深入研讨和反馈（师生互动）。这种互动协作的学习环境，不仅能有效锻炼语言表达、临场应变能力，更能显著提升学习者的沟通协调、团队合作与批判性思维、创新思维等关键能力。

4. 聚焦核心素养，塑造专业人才

本书的训练目标，远不止于培养"能说会道"的讲解员，更着眼于塑造符合新时代要求的复合型、高素质文旅人才。贯穿始终的训练旨在提升学习者的文化理解与阐释能力、审美感知与鉴赏能力、扎实的岗位职业能力、高尚的职业素养以及创新实践能力。最终目标是培养兼具"心灵美""形象美""语言美""行为美"的行业标杆人才。

本书的适用旅游相关行业的从业人员，也适用于旅游文化和讲解艺术感兴趣的自学者。

我们深信，本书以其系统性、实战性、创新性和对核心素养的深度关注，将为每一位渴望在导游讲解领域精进的学习者提供强大的支持。它不仅仅是一本书，更像是一位经验丰富的导师和一套功能完备的"模拟训练舱"。通过沉浸其中，反复演练，学习者将逐步克

服讲解中的怯场与生涩，掌握化知识为魅力的艺术，提升面对复杂情境的自信与从容。

当您能够用精准而生动的语言，将一处景观的磅礴气势、一段历史的荡气回肠、一种文化的深邃悠远娓娓道来，让游客沉浸其中、回味无穷时，便真正掌握了这把开启文旅体验之门的金钥匙。

期待本书能陪伴您在这条精进之路上不断前行，不仅成就个人职业发展的辉煌，更能为传播中华优秀传统文化、提升旅游服务品质、创造更美好的游客体验贡献一份不可或缺的力量。

编　者

阶段性学习成果评价

学习者通过对各个模块及任务的系统学习和实习实训，学习效果可按如下标准进行评价。

评价日期：　　　年　　　月　　　日

姓名		评价结果					
评价项目	评价内容	满分	自评	互评	师评	企业评价	得分
过程性评价（权重50%）	思想政治素养	100					
	实践（学习）方法	100					
	实践（学习）效果	100					
	实践（学习）态度	100					
	智力	100					
	职业素养	100					
	核心素养	100					
	专业基础知识	100					
	职业综合能力	100					
	职业发展能力	100					
	平均得分	100					
过程性总评得分	实际总得分						
	等级						
评分要点说明	1. 思想政治素养评价要点：思想意识、理想信念、道德行为、政治态度、法律素养等。 2. 实践方法评价要点：实践质量、实践效率、实践技巧、实践过程等。 3. 实践效果评价要点：实践计划、实践笔记、实践任务完成情况等。 4. 实践态度评价要点：实践兴趣、实践行为（表现）、实践纪律等。 5. 智力评价要点：记忆、观察、想象、思考、判断、推理等。 6. 职业素养评价要点：积极向上的心理素质、职业理想、职业道德、职业行为习惯、职业技能等。 7. 核心素养评价要点：根据6个素养以及18个要点进行综合评价。 8. 专业基础知识评价要点：根据学习效果和知识应用能力进行评定。 9. 职业综合能力评价要点：跨职业的专业能力、方法能力和社会能力。 10. 职业发展能力评价要点：创新能力、创业能力、特长、组织管理能力等						

说明：

（1）按完整的学习任务（或实践项目）全面对学习者进行阶段性、过程性、发展性评价，最终获得一次阶段性、过程性、发展性评价结果，将若干次阶段性评价进行综合，即可获得总体过程性评价结果。

（2）在操作过程中，要始终采用百分制进行量化，仅仅到最后再进行定级。

（3）权重分配：自评权重是 10%，互评权重是 20%，师评等权重是 70%。

（4）实践类课程的终结性考核，可采用实操、答辩、开卷、写报告等形式。

评价要求：

（1）小组成员通过自己的感受和认知，对每位成员模拟导游的讲解进行客观、诚信和公正地评议、打分。

（2）教师对每位小组成员进行综合评议，并进行阶段性考核。

（3）企业人员对每位小组成员进行综合评议，并进行阶段性考核。

目录 CONTENTS

模拟讲解基本要求

任务一　讲解礼仪

【学习目标】

1. 素养目标

（1）具备良好的职业形象意识，注重仪表整洁与仪态端庄，展现导游专业人员的自信与风采。

（2）树立以游客为中心的服务理念，培养热情友好、礼貌待人的职业态度。

（3）增强文化敏感性，尊重不同游客的文化背景和个人习惯，避免文化冲突，展现良好的跨文化交际能力。

2. 知识目标

（1）掌握景点相关的历史、文化、地理等基本知识，确保讲解内容的准确性和丰富性。

（2）了解并熟悉导游服务的相关法律法规、行业标准及礼仪规范，确保服务过程的合规性。

（3）学习游客心理需求和行为特点，理解不同游客群体的偏好，以便更好地满足游客需求，提升服务质量。

（4）掌握基本的应急处理知识和技巧，包括急救常识、紧急疏散方法等，确保在紧急情况下能够迅速有效地采取行动。

3. 能力目标

（1）提升语言表达准确性和流畅性，能够用标准的普通话进行清晰、有条理的讲解，有效控制语速，吸引游客注意。

（2）培养与游客有效互动的能力，通过提问、讨论等方式激发游客兴趣，营造积极参与的旅游体验，增强游客满意度。

（3）在遇到游客提出疑问或突发情况时，能够迅速反应，运用专业知识提供合理解决方案，确保游客的安全与舒适。

（4）保持好奇心和学习动力，具备自我反思和持续改进的能力，通过不断学习提升专业素养和讲解技巧。

知识点　导游讲解礼仪

导游讲解礼仪是导游工作中的重要一环，它不仅关乎导游的专业素养，也直接影响着游客的旅游体验。下面将详细介绍导游讲解礼仪的各个方面。

一、仪表整洁，仪态端庄 ≫

导游作为旅游团队的引领者，其仪表仪态至关重要。首先，导游应保持服装整洁，穿着得体，符合旅游场合的要求。其次，导游的仪态应端庄大方，站姿稳健，行走自然，展现出自信和专业。在讲解过程中，导游应避免随意走动或倚靠物体，保持身体平衡，给游客留下良好的印象。

二、语言规范，表达清晰 ≫

导游讲解的语言是传递信息的主要工具。导游应使用标准的普通话进行讲解，发音准确，语调自然。在表达上，导游应言简意赅，条理清晰，让游客能够轻松理解其所传达的内容。同时，导游还应注意控制语速，避免过快或过慢，确保游客能够跟上讲解节奏。

三、态度热情，礼貌待人 ≫

导游应以热情友好的态度对待每一位游客，展现出高度的职业素养。在讲解过程中，导游应主动与游客交流，耐心解答游客的问题，关注游客的需求。同时，导游还应注重礼貌用语的使用，尊重游客的文化背景和个人习惯，避免引起不必要的误解或冲突。

四、内容准确，知识丰富 ≫

导游讲解的内容应准确无误，涵盖景点的历史、文化、地理等各个方面。为了确保讲解的准确性，导游应提前做好充分的准备工作，了解景点的相关知识和背景。此外，导游还应不断丰富自己的知识储备，关注旅游行业的最新动态，为游客提供更为全面和深入的讲解。

五、注重互动，营造氛围

在讲解过程中，导游应注重与游客的互动，营造轻松愉快的旅游氛围。可以通过提问、讨论等方式引导游客参与讲解，激发游客的兴趣和好奇心。同时，导游还可以根据景点的特点，设计一些有趣的活动或小游戏，让游客在参与中感受到旅游的乐趣。

六、尊重游客，保护隐私

导游应尊重游客的个人隐私和意愿，不随意透露游客的个人信息。在旅游过程中，导游应关注游客的安全和舒适度，及时提醒游客注意事项，确保游客能够安心享受旅游。此外，导游还应尊重游客的文化信仰和风俗习惯，避免引起不必要的冲突或误解。

七、持续改进，追求卓越

导游讲解礼仪是一个不断学习和提升的过程。导游应保持谦虚好学的态度，不断反思自己的讲解方式和效果，寻求改进和提升。通过参加培训、交流学习等方式，不断提高自己的专业素养和讲解能力，为游客提供更加优质、专业的服务。

综上所述，导游讲解礼仪是导游工作中的重要组成部分。通过遵守仪表整洁、语言规范、态度热情、内容准确、注重互动、尊重游客以及持续改进等方面的要求，导游可以为游客带来一段愉快而难忘的旅程。同时，这也是导游提升自身专业素养和职业生涯发展的必经之路。

任务二 讲解技巧

【学习目标】

1. 素养目标

（1）具备高度的责任心和职业道德，注重与游客的情感交流，真诚服务，展现出良好的职业素养和职业情怀。

（2）在实训与工作过程中，厚植爱国情怀，讲好家乡故事，讲好中国故事。

2. 知识目标

（1）掌握景点相关的历史背景、文化内涵、建筑风格等全面信息。

（2）理解并掌握多种讲解方法和技巧，包括逻辑组织、语言表达、互动引导等。

3. 能力目标

（1）能够根据游客的特点和需求，灵活运用各种讲解技巧，提供个性化服务。

（2）通过生动、形象的语言表达，激发游客兴趣，营造良好的旅游氛围。

（3）有效组织讲解内容，确保条理清晰、逻辑严密，便于游客理解和记忆。

（4）具备持续学习和自我提升的能力，不断更新知识结构，提高专业素养。

知识点 导游讲解技巧

导游讲解技巧是导游工作中不可或缺的一环，它直接影响着游客的旅游体验和满意度。下面将详细介绍导游讲解技巧的各个方面，帮助导游更好地提升自己的讲解水平，为游客带来一段精彩纷呈的旅程。

一、准备充分，内容丰富

在讲解之前，导游应做好充分的准备工作，包括了解景点的历史背景、文化内涵、建筑风格等方面的信息。通过查阅相关资料、实地考察以及与当地居民交流等方式，获取准确、丰富的讲解内容。这样不仅可以确保讲解的准确性和权威性，还能吸引游客的注意力，增加他们的兴趣和好奇心。

二、注重逻辑，条理清晰

导游在讲解时应注重逻辑性和条理性，将复杂的信息进行归纳和整理，以清晰、简洁的语言表达出来。可以采用时间顺序、空间顺序或因果关系等方式进行组织，使讲解内容更加连贯和易于理解。同时，导游还可以利用图表、图片等辅助工具，帮助游客更好地理解和记忆讲解内容。

三、语言生动，引人入胜

生动的语言能够激发游客的兴趣和想象力，使讲解更加引人入胜。导游可以采用形象比喻、拟人化等修辞手法，将枯燥的历史事件或建筑风格变得生动有趣。同时，导游还可以适时地穿插一些笑话或趣闻，以缓解游客的疲劳，营造轻松愉快的氛围。

四、注重互动，激发参与

在讲解过程中，导游应注重与游客的互动，激发他们的参与热情。可以通过提问、讨论等方式引导游客发表自己的看法和感受，鼓励他们分享自己的旅游经历。同时，导游还可以设计一些小游戏或活动，让游客在参与中深入了解景点的文化内涵和特色。

五、因人而异，个性讲解

每个游客的兴趣和需求都有所不同，导游应根据游客的特点因人而异，提供个性化的讲解服务。对于对历史感兴趣的游客，可以重点介绍景点的历史背景和人物故事；对于喜欢自然风光的游客，可以重点描述景点的自然风光和生态环境。通过满足不同游客的需求，提高游客的满意度和忠诚度。

六、情感投入，真诚交流

导游在讲解时应投入真挚的情感，与游客进行真诚的交流。可以通过讲述自己的旅游经历、分享对景点的感悟等方式，拉近与游客的距离，增进彼此之间的信任和理解。同时，导游还应关注游客的情感变化，及时给予关心和安慰，让游客感受到温暖和关怀。

七、持续学习，不断提升

导游讲解技巧是一个不断学习和提升的过程。导游应保持对旅游行业的关注，及时了解最新的旅游动态和景点信息。通过参加培训、交流学习等方式，不断提升自己的专业素养和讲解能力。同时，导游还应积极反思自己的讲解方式和效果，寻求改进和提升，为游客提供更加优质、专业的服务。

综上所述，导游讲解技巧涵盖了准备充分、注重逻辑、语言生动、注重互动、因人而异、情感投入以及持续学习等方面。通过不断学习和实践这些技巧，导游可以提升自己的讲解水平，为游客带来一段精彩纷呈的旅程。

任务三　讲解训练

【学习目标】

1. 素养目标

（1）具备处理突发事件的能力和团结协作的专业精神，逐步形成积极向上的人生观和价值观。

（2）具备良好的职业道德和团队合作精神，具备创新意识。

（3）传承中华优秀传统文化，坚定文化自信，具有家国情怀与责任担当，增强政治认同，促进文化传承。

2. 知识目标

（1）了解导游讲解的基本原则、方法，认识到导游讲解技巧的意义。

（2）掌握导游讲解的常用方法和技巧，以及表演艺术、饮食文化、民间技艺、民族民俗、民族传统节日讲解的相关技巧。

（3）掌握自然风光旅游资源和人文景观旅游资源讲解技巧，以及接待特殊团队的技巧。

3. 能力目标

（1）具备独立进行导游讲解的能力，提高语言表达能力和组织协调能力。

（2）具备景区导游服务及撰写导游词的能力和技巧。

（3）能针对旅游景点或旅游文化元素等内容编创导游词并进行讲解。

（4）能应对不同团队的讲解需求，有针对性地进行景点导游讲解。

知识点　讲解训练流程

讲解训练流程是一个精心策划和实践的过程，旨在提升讲解员的表达能力、沟通技巧以及专业知识水平。下面详细阐述模拟讲解训练流程。

一、准备阶段

在模拟讲解训练开始之前，需要做好充分的准备工作。首先，明确讲解的主题和目标受众，以便更好地把握讲解内容和语言风格。其次，收集相关资料，整理成系统的讲解大纲，确保内容的准确性和完整性。最后，对讲解过程中可能遇到的问题进行预设，并准备好相应的策略。

二、角色扮演与分组

为了让模拟讲解更加贴近实际场景，可以采用角色扮演的方式进行。将参与者分为若干小组，每组选出一名讲解员和若干名听众。讲解员负责进行模拟讲解，而听众则需要认真倾听并提出问题或反馈意见。这样可以让讲解员在真实的环境中锻炼自己的表达能力和应对能力。

三、模拟讲解实施

在模拟讲解过程中，讲解员需要按照事先准备好的大纲进行讲解，注意语言表达的清晰度和逻辑性。同时，要关注听众的反应，及时调整语速、语调和表达方式，以确保信息的有效传递。听众在倾听过程中，可以记录下自己的疑问或建议，以便在后续的反馈环节中提出。

四、反馈与点评

模拟讲解结束后，进入反馈与点评环节。首先，听众可以向讲解员提出自己的疑问或建议，讲解员需要认真倾听并作出回应。其次，讲师或导师可以对讲解员的表现进行点评，指出其优点和不足，并提出改进意见。最后，讲解员需要对自己的表现进行反思和总结，找出自己的不足之处并制订改进计划。

五、总结与提升

通过模拟讲解训练，讲解员不仅可以提升自己的表达能力和沟通技巧，还可以加深对专业知识的理解。同时，通过与其他参与者的互动和交流，可以拓宽自己的视野和思路。因此，在训练结束后，讲解员需要认真总结自己的收获和不足，并将所学知识和技能应用到实际工作和生活中。

此外，为了进一步提升讲解员的能力，可以组织定期的模拟讲解训练活动，让讲解员在不同主题和场景下进行锻炼。同时，可以邀请具有丰富经验的讲解员或专业人士担任导师或评委，为参与者提供更具针对性的指导和建议。

六、持续学习与更新

在讲解领域，新的理念、技术和方法不断涌现。因此，讲解员需要保持持续学习的态度，关注行业动态和前沿技术，不断提升自己的专业素养。此外，还需要定期更新自己的讲解内容和方式，以适应不同受众的需求和变化。

总之，模拟讲解训练是一个有效提升讲解员能力的方法。通过精心策划和实施训练流程，可以让讲解员在模拟环境中锻炼自己的表达能力、沟通技巧并不断提高专业知识水平，为未来的讲解工作奠定坚实的基础。

模拟讲解词实训

任务四　云冈石窟模拟讲解词实训

【学习目标】

1. 素养目标

（1）养成良好的职业精神和工匠精神，在训练过程中逐步培养精益求精、勇于创新的品质。

（2）热爱本职工作，在服务中践行游客至上的专业品质。

（3）增强民族自豪感，坚定文化自信，厚植家国情怀，热爱家乡，讲好家乡故事。

2. 知识目标

（1）熟知云冈石窟的背景资料、景点要素及独特的民族风情。

（2）积累和熟知北魏王朝历史资料及民族融合的历史意义。

（3）通过模拟实践，掌握云冈石窟景区导游讲解服务技巧，学习导游词创作技巧。

3. 能力目标

（1）运用恰当的语言对云冈石窟景区进行分析和描述，把握造像形象、感受雕刻魅力。

（2）具备景区导游服务及撰写导游词的能力和技巧。

（3）养成仔细观察、善于辨别、勤于思考的习惯，努力提高导游词编创水平。

【引言】

三代京华两朝府镇一方民族融合地，万年北岳千载云冈百里国宝荟萃城。

匈奴人在这里放牧，鲜卑人在这里建都，突厥人在这里盘踞，契丹、女真人在这里设西京，蒙古人在这里设大同，粟特人、俄罗斯以及阿拉伯人通过古辙车道来到大同进行贸易……各民族在这里融为一体，大同自古以来就是多民族聚集的地方。

知识点 1　民族融合——从草原走向世界

都说大同是一座魅力无限的城市，"魅"在何处？何为其"魅"？魅就魅在它是一座民族融合的历史古都，一片胡汉文化覆盖泽润的土地，一座多民族风情的博物馆。来大同看什么？大同什么最好看？来大同就看不同民族特别是北方少数民族千年的遗迹，好看就好看在一件件异族情调新奇的历史留存。平城一处处陈迹古履，留住多少少数民族的异域风情，成为解读这些少数民族的珍品与信息，包括草原民族、西域各民族，甚至外来民族，如印度以及古罗马、古希腊的遗存。

一、大同开启融"胡汉"一体的中华民族发展新格局 >>>

大同，一座彪炳史册的民族融合重地，一个多元文化荟萃的熔炉。以平城作为行政建制的"县"为端点，在大同这片沃土上书写着上千年少数民族统治、居住、活动的丰繁历史。

自北魏道武帝拓跋焘于公元 439 年灭北凉统一北方，至公元 589 年隋文帝杨坚统一中国，为中国第一个南北朝时期。公元 907 年契丹族建国与北宋烽火交战；公元 1115 年女真人建国称金，并于 1125 年灭辽国与南宋抗衡，直至 1234 年被蒙古歼灭，这一段辽金与北南宋对峙时期，可谓中国第二个"南北朝"时代。两个"南北朝"时代，正是历史上大同最为鼎盛的时期，可谓"一代京华，两朝陪都"。

北魏鲜卑人建都平城，其间有几十个民族约百万人先后迁居于此，包括山胡、屠各胡、卢水胡、丁零、乌桓、党项、氐、羌等族。隋朝统一后，突厥人占据雁北之地；唐中叶，漠北兴起的回纥族入居大同之域；公元 936 年，石敬瑭割燕云十六州于契丹族，由此至元代末，大同为契丹、女真、蒙古少数民族建立的辽金元三朝重镇达 433 年之久。

正如民族融合是北魏的精神内核，北方的少数民族风情，是古都大同的文化表征与历史特质。

二、追寻大同遗迹中的民族融合 >>>

云冈石窟是中华文明以及中西文明多元、多样、多彩融合的见证，是以拓跋鲜卑氏为代表的草原民族，融合西域、中原，以及古代印度雕刻艺术留下的大美创造；华严寺、观音堂彩塑，浑源大云寺建筑，是契丹、女真族的美丽指纹；关帝庙正殿建筑，浑源永安寺、大云寺壁画，出自蒙古人手笔；九龙壁飘动着明王朝雄姿英发的风影……

（一）雕塑艺术丰碑——云冈石窟

文成帝颁皇令，倾国力，启用包括凉州、中原在内的多民族能工巧匠，如佛界高僧、机巧敏睿的王遇，南朝雕刻家、画家戴逵父子；借鉴印度笈多造像艺术；吸纳中原"曹衣出水""吴带当风"雕刻技法，在武州山掀起了劈山凿洞、开窟造像的雄涛伟浪。"核准度于毫芒，审光色于浓淡"，创新雕造出云冈石窟的精美绝伦，无限风华。云冈石窟中的塑像如图4-1所示。

图4-1　云冈石窟中的塑像

（二）辽金古刹集锦——华严寺、善化寺、永安寺、大云寺

契丹贵族建立的辽朝和女真贵族建立的金朝，延续北魏王朝"香火"，相继把大同作为陪都，称为"西京"，构架了一座座佛教建筑，泥塑彩绘了美轮美奂的华严寺、善化寺佛像。

访遍大江南北，但见寺庙宇殿，皆一色坐北向南，唯大同华严寺建筑群由西朝东。或因契丹人崇拜太阳之故，或因塞外取暖所需，草原民族蒙古包门向东方，开门纳日。"壮丽严饰，稀世所有"的华严寺、善化寺，殿中彩塑除少数为明清补造，29尊辽代塑像保存近乎完整如初。

坐落于浑源县的永安寺和大云寺都始建于金代，大云寺更有"兴雨蒸云"之能。诗人元好问、旅行家徐霞客都曾在此驻足；清代书法家赵之谦特留"名与天同辉"手迹称颂。

（三）龙壁之王美誉——九龙壁

九龙壁，从雕刻时间、体量，到造型艺术，在中国可谓是首屈一指。郑振铎在《游大同记》中说："到了和阳街，便是九龙壁的所在……那九条龙张牙舞爪的显得很活泼……较之北海公园的那一座九龙壁来，这一座是够得上称作老前辈的了。"

版图伸缩，政权更迭，都不足以代表民族融合的最后解释权。唯有文化，尤其核心价值观的趋向认同，才是民族团结、国家统一的终极力量。

三、镌刻各民族交往交流交融的历史基因——千年云冈

千年云冈，无声记录了北魏时期各民族交往交流交融、各民族文化交相辉映的历史，成为一部刻在石头上的北魏史。

从公元398年道武帝定都平城（今大同），到公元494年孝文帝迁都洛阳，近百年的北魏平城时代，是一个前所未有的民族大交流、大融合时期。作为北方政治、宗教、文化中心，平城集中了全国各地的优秀工匠，汲取、融合各种艺术风格，开凿出规模宏大的云冈石窟（图4-2）。1 500多年来，这部刻在石头上的无声艺术杰作，向后人展示了北魏豪迈辉煌、开放多元的雕塑艺术魅力和文化魅力。

图4-2 云冈石窟

知识点 2　云冈石窟形制、造像内容和样式的发展

一、早期为16~20窟，即著名的昙曜五窟

公元460年，文成帝下诏，以"沙门统"昙曜为主事者，在武州山体之上开凿出5座大像窟，揭开了开凿云冈石窟的序幕。

云冈石窟早期的窟形为窿，呈马蹄形，相似于印度草庐式石窟样；佛像袈裟右袒或通肩；菩萨头戴宝冠，身着璎珞，手臂戴钏，衣纹高凸。大窟大像，气度雄伟，造像布局简约集中。既有印度犍陀罗艺术风格的承袭，又有拓跋氏草原风俗的传扬，还有西北包括西域、陕甘等一带民族特色的兼容。历史象征化，是这一时期造像的内涵深蕴；五个帝王的雕像，以五座里程碑的意义，讲述着关于一个伟大王朝的传奇故事。

二、中期石窟开凿于孝文帝执政时期，是云冈石窟雕凿的鼎盛阶段 》》》

　　中期阶段，主要有第1、第2窟，第5、第6窟，第7、第8窟，第9、第10窟，第11、第12、第13窟以及未完工的第3窟。这一时期，北魏国力强盛，加快了佛教石窟艺术中国化的进程，产生了富丽堂皇的太和风格。

1. 窟形特点

　　云冈石窟中期，窟形呈平面多方形，并以前后两室为众。少了昙曜五窟那样的大像，多了千姿百态的供养人，多样化了佛教内容。佛形像容渐呈秀骨清貌，袈裟衣裙换上了南朝士族的宽衣阔袖。工程规模浩大，室内雕饰富丽，绚烂缤纷。政治现实化，是这一时期造像的鲜明倾向；象征拓跋氏的汉化，正向纵深迈进。秀骨清像、褒衣博带的主流中，夹杂着拓跋氏牧野狂放的草原情调。

2. 双窟双佛的独特创意

　　双窟双佛暗示冯太后与孝文帝"二乾重荫""明离并照"，双双主政的治国格局。由东向西，云冈"二佛并坐"造像近四百处。考古学家宿白先生认为，"开凿双窟成组的窟室，是当时特定的政治形势的产物"。这一时期佛像女性化特征明显，意味深长，不言自明，第7窟"六美人"供养人佛雕，"宝相庄严，拈花微笑"，可谓代表。佛像女性化的创举，突破了此前清一色男相的单调局面，实为石窟造像艺术的一大变革与创新。

3. 文化艺术的巅峰之作

　　云冈石窟鼎鼎有名的"音乐窟"——五华洞，好似翻开了一部辉煌的世界音乐史。中原传统乐舞、鲜卑族乐舞、西域乐舞、西凉乐舞及高丽乐舞荟萃一堂，争奇斗艳；琴、筝、笙、琵琶、齐鼓、排箫、横笛、觱篥、箜篌、法螺、细腰鼓、义嘴笛等数十种乐器欢奏齐鸣，宛如一曲宏大交响乐。北魏各民族能工巧匠以开放包容的胸怀，使不同的文化艺术实现了前所未有的融会贯通，由此形成了石窟艺术的"云冈模式"，对敦煌石窟和龙门石窟产生了深远的影响。

三、晚期石窟主要分布在第20窟以西，有200余座中小型洞窟 》》》

　　公元494年，北魏迁都洛阳，云冈石窟大规模的开凿活动随之停止，但凿窟造像之风在社会中下阶层蔓延开来，贵族、中下层官吏以及邑人信众充分利用平城旧有的技艺，在云冈开凿了大量的中小型洞窟。晚期窟室规模虽小，但人物形象清瘦俊美，比例适中，是我国北方石窟艺术的代表和"秀骨清像"的开端。

　　民间生活化，是这一时期的主题特征：民间乐舞，百戏杂技……象征北魏汉化与民族融合，已呈瓜熟蒂落、水乳浑然之势了。

【导游词范文赏析】

范文1　民族融合——从草原走向世界

各位游客朋友，大家好！游山西就是读劳动人民创造史。今天，我们要参观的是地理学家郦道元在《水经注》中用"凿石开山，因岩结构，真容巨壮，世法所希"来描绘的云冈石窟。

今天，有幸陪您走进云冈，领略它神奇的魅力。据记载，云冈石窟开凿于北魏和平初年（460年），是佛教自两汉之际传入中国后，第一次由国家主持营造的大规模皇家石窟工程，是一座中外文化、民族文化、佛教与石刻艺术相融合的艺术宝库。

现在来到的是马识善人广场，是为纪念云冈石窟的开创者昙曜高僧而建，进入山门，走过礼佛大道，再跨过这座雕栏玉砌的七孔桥，便进入佛风习习的石窟群，云冈石窟东西绵延约1千米。现存主要洞窟45个，造像59 000余尊。它的开凿年代比敦煌莫高窟晚了近百年，比龙门石窟早了30多年，在中国石窟雕刻史上具有承上启下的作用。

2020年5月11日，习近平总书记在云冈石窟考察时强调，"历史文化遗产是不可再生、不可替代的宝贵资源，要始终把保护放在第一位……要深入挖掘云冈石窟蕴含的各民族交往交流交融的历史内涵，增强中华民族共同体意识"。

穿过众多的石窟群，现在我们来到了蜚声海外的昙曜五窟。

大家请抬头看，第16窟主像高13.5米，着褒衣博带、衣纹粗犷有力，这是昙曜五窟中唯一穿褒衣博带式汉化佛装的大佛，在云冈首开汉式着装的先例，是民族文化交融的杰出代表。

走过第17、第18与第19号洞窟，现在我们来到的是被誉为云冈石窟外交官和代表作的第20窟——露天大佛（图4-3），这尊高13.7米的结跏趺坐佛像，背光富丽堂皇，面容丰满端庄。您看，早期所造梵相皆唇厚、鼻隆、目长、颐丰，挺然大夫之相。特别是佛像略含笑意的嘴唇，以及仔细观察才能看到的微微上翘的唇髭，这雕刻是如此迷人。

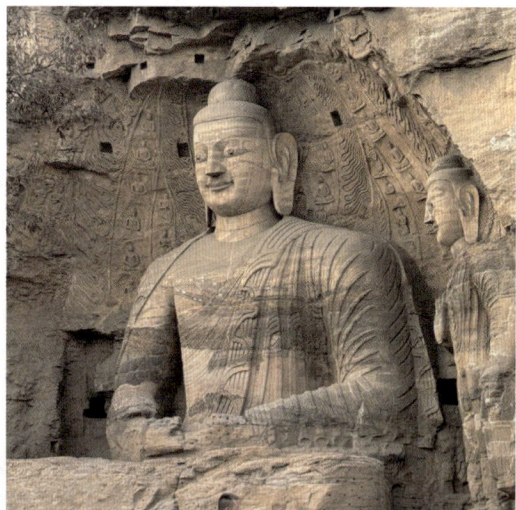

图4-3　露天大佛

这尊佛像脸部的雕刻既有犍陀罗造像风格又极具古希腊雕刻神韵，宽阔的身躯，右袒的袈裟又采用了中国传统大写意的雕刻技艺，这种造像将拓跋鲜卑的彪悍与豪放、宽容与睿智的民族精神表现得淋漓尽致。

我们再仔细观察，大佛背后的背光、头光内刻着莲瓣纹，中层刻着小坐佛，外层为火焰纹。火焰纹图案象征着力量和文明，也反映着拓跋鲜卑人拓定四边、囊括天下的雄心。这宏大辉煌的艺术工程，倾注着他们伟大的信仰力量，也渗透着他们坚强粗犷的生命力量。中外学者一致认为，这尊佛像优美的雕刻极具艺术感染力，已经达到了世界雕刻艺术的巅峰。

各位游客，在云冈石窟，我们能看到的不仅有北魏的帝王、印度的佛陀，还有希腊的英雄、草原的骑士，更有天下众生之相。云冈石窟是中国的，更是世界的；是历史的，更是现代的。

朋友们，您读懂了山西就读懂了中国，您读懂了云冈就读懂了北魏历史，谢谢大家，再会！

范文2　石雕艺术——石头上的艺术

云冈大佛笑开颜，应县木塔冲云天。恒山悬空惊世人，龙壁映水凤凰城。欢迎大家来旅游，我给大家当导游！各位游客，大家好！今天我们要参观的是被誉为"东方石雕艺术宝库"的云冈石窟。

据史书记载，云冈石窟开凿于北魏和平初年（460年），是佛教自两汉之际传入中国后，第一次由国家主持营造的大规模皇家石窟工程，是佛教艺术东传后最优秀、最典型的巅峰之作。

现在我们来到的是马识善人广场，是为了纪念云冈石窟的开创者昙曜高僧而建，占地6 000余平方米，巨型雕塑"马识善人"，以潇洒大气的写意手法塑造了一代佛门大德昙曜的艺术形象。进入山门，穿过矗立着26根吉祥佛柱的礼佛大道（图4-4）和"帝后礼佛图"环形浮雕石壁，再跨过一座雕栏玉砌的七孔桥，便进入了佛风习习流传千古的石窟群，现存主要洞窟45个，佛教造像59 000余尊。穿过众多的石窟群，我们便来到了蜚声海外的昙曜五窟。如果说云冈石窟是世界佛教造像艺术的王冠，那么，昙曜五窟就是这顶王冠上最耀眼的珍珠之一。

图4-4　礼佛大道

请看第18窟，主像高约15.5米，在他傲立的身躯上，披着一件千佛袈裟，那一尊尊小佛便代表被他残害的佛教徒。大佛左手置于胸前，做了一个扪心自问的忏悔姿态，佛的手雕刻得肌肉丰腴，不但富有弹性，而且质感极强，由专为灭佛的太武帝拓跋焘所设计。

现在我们来到了被誉为云冈石窟外交官和代表作的第20窟——露天大佛，1 000多年前辽代洞窟坍塌，致使坐佛暴露在外。据猜测，他是根据北魏开国皇帝拓跋珪的形象所雕刻。这尊高 13.7 米的结跏趺坐佛像，背光富丽堂皇，面容丰满端庄。您看，早期所造梵相皆唇厚、鼻隆、目长、颐丰，挺然大夫之相。特别是佛像略含笑意的嘴唇，以及仔细观察才能看到的微微上翘的唇髭的雕刻如此迷人，这尊佛像脸部的雕刻既有犍陀罗造像风格，又极具古希腊雕刻神韵，宽阔的身躯，右袒的袈裟，采用了中国传统大写意的雕刻技艺。这种造像将拓跋鲜卑的彪悍与强大、粗狂与豪放、宽容与睿智的民族精神表现得淋漓尽致。我们再仔细观察，大佛背后的背光、头光内刻莲瓣纹，中层刻小坐佛，外层为火焰纹。火焰纹图案象征着力量和文明，也反映着拓跋鲜卑人拓定四边、囊括天下的雄心，这宏大辉煌的艺术工程，倾注着他们伟大的信仰力量，也渗透着他们坚强粗犷的生命力量。中外学者一致认为，这尊佛像优美的雕刻艺术极具艺术感染力，已达到了世界雕刻艺术的巅峰。

1964 年 3 月，著名历史学家邓拓在游览过云冈后，用"危崖万佛迎风笑，艺术人家第一篇"的诗句来赞美云冈石窟。1973 年 9 月 15 日，法国前总统蓬皮杜在周恩来总理的陪同下，参观了云冈石窟，并高度评价："云冈石窟无疑是人类艺术的顶峰之一。"各位朋友，云冈石窟属于中国也属于世界。我们每个人都有责任让这座石雕艺术宝库永远不毁。只有这样，我们才无愧于祖先和后人！

朋友们，云冈石窟的参观到此结束，谢谢大家，再见！

【讲解情景模拟实训】

中国从此走向大唐

一、实训目标

（1）通过模拟讲解训练，熟知云冈石窟及民族融合历史。

（2）熟知石窟寺历史，完成导游词创编。

（3）结合基本讲解方法，通过教师示范，掌握具体讲解方法，并通过分组和角色扮演进行讲解实训，亲身感受讲解过程，体会讲解导游词的感受。

二、实训步骤

1. 教师介绍常用的几种导游讲解方法并进行示范性讲解。

2. 学生分组模拟多种旅游团（如商务团、学生研学团、老年团等），每人依次进行导游讲解练习。

3. 每个学生按照参加全国导游口试标准，讲解 8 分钟导游词，4 分钟专题，小组成员扮演游客予以配合。

（4）填写实训报告，回答相关问题。

三、问题思考

（1）请在5分钟内即兴简述大同的发展历史。

（2）请简述九龙壁的建造历史和美学特色。

（3）云冈石窟按石窟形制、造像内容和样式的发展，分为哪几个时期？

【技能拓展与延伸】

（1）"千秋一镜胡汉月，万古九重大同天。"鲜卑人源于我国北方历史上一个古老民族——东胡，你知道鲜卑族是怎样的一个民族，从哪里来又走向哪里吗？请查阅相关资料，写出你的答案。

（2）根据所学知识与技能，开展分组合作探究活动，围绕大同地区的其他人文景点进行导游词创新编写，挖掘旅游资源，进行导游解说，然后拍摄成视频，在班级群内（或专业网站）进行互动交流，展示其发展美、人文美、和谐美。

任务五　悬空寺模拟讲解词实训

【学习目标】

1. 素养目标

（1）树立职业道德观念，强化服务意识，关注游客需求，展现良好的职业形象。

（2）提升讲解艺术，学习并掌握导游讲解的各种技巧，使讲解内容生动有趣，增强游客的参与感和体验感。

（3）增强民族自豪感，坚定文化自信，厚植家国情怀，热爱家乡，讲好家乡故事。

2. 知识目标

（1）熟知悬空寺的历史背景、规模布局、价值评价等，感悟中国古代高超的建筑技艺。

（2）能够分析悬空寺的建筑缘由、建筑方法及三教合一的文化内涵，进而热爱山西古建筑。

（3）通过模拟实践，掌握悬空寺景区导游讲解服务技巧，学习导游词创作技巧。

3. 能力目标

（1）运用恰当的语言对悬空寺景区进行分析和描述，了解悬空寺的建筑方法及文化内涵，感受山西古建筑的魅力。

（2）培养景区导游服务及撰写导游词的能力和技巧。

（3）养成仔细观察、善于辨别、勤于思考的习惯，努力提高导游词编创水平。

【引言】

大约 1 500 年前，中国正处于南北朝时期，山西北部的群山中出现了一座"空中楼阁"，兀然"悬挂"于崖壁之上，人称"悬空寺"。

楼阁的上方是危危巨岩，远古海洋沉积形成的石灰岩层理清晰，下方则是一条时常泛滥的河流，夏季骤然而至的雨洪，裹挟着泥沙碎石不断冲刷山谷。直到 1960 年人们才在上游修筑水坝，形成了一个 1 330 万立方米，以防洪为主，兼顾灌溉的水库，将洪水之灾逐渐消除。

悬空寺就位于这样的山、水之间，其最高处的殿阁底部距离下方河谷约 90 米，相当于

30 层楼高，此处为初建时的相对高度，后来因为河道淤积，相对高度降为 60~70 米。

据当地县志记载，在最近的 40 年内曾发生过 2 次 6 级左右地震，而悬空寺依然挺立，堪称奇迹。

知识点 1　悬空寺概况

一、地理位置

悬空寺（图 5-1）位于山西省浑源县城南 5 000 米处的金龙峡内，距大同市 65 千米，两峰一峡怀抱之间。

恒山主峰：天峰岭 2 016.1 米；

第二主峰：翠屏峰 1 648 米。

图 5-1　悬空寺

二、建筑年代

建于北魏太和十五年（491 年），距今已有 1 500 多年的历史。自创建以来历代修葺不断，最近一次维修是在清同治二年（1863 年）。

三、建筑布局

悬空寺的建筑，特别崇尚顺应自然，凸显了据洞筑室、依壁建殿的风格。全寺布局以西为正，大门朝南开，自南向北修建，由三部分组成，每一部分都有一座三层楼阁，内设悬梯连接。

第一部分包括禅堂、大雄宝殿、钟楼、鼓楼和两个配殿，都是脚踏实地的建筑，但是逐层叠高的立体寺院与平川建筑布局大不相同。最能体现悬空寺"悬空"特色的是第二部分和第三部分。这两座楼之间均由悬空飞架的栈道连接，呈现的是中国传统的"半插飞梁为基，巧借岩石暗托"的建筑结构法。

四、文化价值

悬空寺的价值主要体现在其建筑艺术、历史文化和宗教包容性等方面。

1957 年，悬空寺被列为山西省重点文物保护单位。

1982 年，悬空寺被列为全国重点文物保护单位。

2010 年 12 月，悬空寺被美国《时代周刊》杂志评为世界十大最奇险建筑。

明代"游圣"徐霞客到此，留下"天下巨观"墨宝。（层楼高悬，仰之神飞，鼓勇独登，为天下巨观。）

悬空寺下方巨石上的"壮观"是李白的亲笔，壮字旁边多一点，表达悬空寺要比壮观还多一点。

金庸在《笑傲江湖》中多次描述悬空寺。

知识点 2　险奇巧俏——巧夺天工鲁班造

一、悬空寺的建筑缘由

（一）道教说法

南北朝时期，道教分为南、北天师道。北魏太武帝拓跋焘一度崇道灭佛，迎请嵩山道士寇谦之到平城设立道坛。之后，孝文帝拓跋宏下诏，将道坛移至"岳山之阳，桑干之阴"的恒山。人们按照寇谦之（北天师道的开创者）"上延霄客，下绝嚣浮"的遗训，修建了"崇虚寺"，又称"玄空寺"，后因寺院建筑悬空改称"悬空寺"。

（二）佛教说法

很久以前，每当大雨倾盆，雨水聚集，金龙峡谷中浊浪滚滚，蜿蜒曲折好几里，像一条怒吼的巨龙。洪水经常冲出山口，淹没农田、庄稼，山谷下民不聊生，人们以为有金龙作祟，便想在悬崖上建寺庙来镇压，又碍于"佛不上山"的忌讳。于是，便在山间悬空建起了寺院，起到镇妖的作用。

（三）悬空寺的建筑特色

建在半崖峭壁凹陷之处的悬空寺面向北岳主峰，背依翠屏，整个楼阁建筑构思十分巧妙。这座人间"天宫楼阁"，大致可用"险、奇、巧、俏"四个字概括其特点。

（四）险，触目惊心

第一是险，触目惊心。这里峭壁万仞，高挂古刹，上载危岩，下临深谷。若沿栈道楼阁一路上行，无论举手投足，拾级而上，还是登堂入室，仰望俯视，都有身临险境之感。浑源人形容为"悬空寺，半天高，三根马尾空中吊"。全寺共有殿阁40间，表面看上去支撑全寺的是这十几根碗口粗的木柱，有的起到承重作用，有的用来平衡高低，有的则是一定重量加在上面，才能够发挥支撑作用，而建筑物真正的重心撑在了坚硬的岩石里。

（五）奇，举世罕见

第二是奇，举世罕见。悬空寺处于深山峡谷的一个盆地内，全身悬挂在峡谷中间，石崖顶峰突出部分好似一把撑起的巨伞，使悬空寺免受雨水侵蚀；岩石两边突出的山崖，缓解了塞外凛冽的风势，风吹不到悬空寺；悬空寺对面高耸的天峰岭为其遮挡了阳光，减少了暴晒。如此优越的地理位置也是悬空寺能完好保存至今的重要原因之一。而这座集道家之玄、佛家之空、儒家之实为一体的空中楼阁高挂绝壁，使佛、儒、道三教共处一室，也是十分神奇罕见。

（六）巧，巧借天然

第三是巧，巧借天然。古代的工匠师们，徒手在崖壁上凿洞、插梁、架柱并环环相嵌，充分利用石阶、石壁、石窟、栈道，也无须铁钉加固，将高低不一的门、楼、殿、阁联结构建为一体，飞挂于崖壁之上，堪称鬼斧神工。工匠们充分利用"半插飞梁为基，巧借岩石暗托"的力学原理，在陡崖上凿些"口小肚大"的石洞，然后在洞内放置一定长度的锥形木楔，把当地盛产的铁杉木一端加工成较小的内凹锥形为卯眼，猛力砸进洞内作为横梁。这样一来木楔钻进卯眼相互咬合，外面用力越大，里面咬合越紧，直至撑满整个石洞，这原理就像现代的膨胀螺栓。随后，在悬梁上铺板立柱，构筑梁架，建成殿台楼阁，形成完整的木质框架结构。

（七）俏，危中见美

第四是俏，危中见美。古刹紧贴山崖，高挂半空，远看像一幅玲珑剔透的摩崖浮雕，近看又像凌空欲飞的天宫楼阁。凡人登临其上，都有李白《夜宿山寺》中的"危楼高百尺，手可摘星辰。不敢高声语，恐惊天上人"之感。其选址于危崖，设计之大胆、施工之巧妙、造型之美妙，融美学、力学为一体，令人叹为观止。

悬空寺具有的险、奇、巧、俏的特点，都来自一个字——"悬"。首先是凌空施工。悬空寺是怎样凌空建筑在悬崖峭壁之上呢？寺内这通清同治二年（1863 年）石碑铭文的记载可供参考。1863 年春悬空寺大修时，有一位浑源巧匠张廷彦，自告奋勇率众施工。他们把所用材料在山下加工好，一不竖架，二不搭梯，而是从寺院崖头上悬吊两股粗绳，结成两个圈，一圈束腰，一圈蹬脚。然后，连人带料吊下半崖凌空施工，不到一年大修竣工。由此可见，聪明绝顶的古代建筑师们，正是用这种办法，凌空建造了悬空寺。

经历过 1 500 余年的风霜，悬空寺看尽了人来人往，云起云涌，历经了王朝更替星月沉浮，它在战乱天灾中屡经修葺，今天我们看到的样貌基本上是明清时期重建的遗物。创造它的北魏王朝已埋入历史的黄沙，而它依然在那里，细数着沧桑与时间同流。

【导游词范文赏析】

范文1　险奇巧俏——巧夺天工鲁班造

"危楼高百尺，手可摘星辰。不敢高声语，恐惊天上人。"今天让我们一起走进修建在悬崖峭壁间的悬空寺。

它位于山西省浑源县城南 5 000 米处的金龙峡内，在两峰一峡怀抱之间。始建于北魏太和十五年（491 年），金、明、清均有重修，现为明清建筑风格。远望悬空寺，像一幅玲珑剔透的磨牙浮雕，镶嵌在万仞峭壁间，近看悬空寺，大有凌空欲飞之势。前人介绍悬空寺，概括为："面对恒山，背倚翠屏，上载危岩，下临深谷，凿石为基，就岩起屋，结构惊险，造型奇特。"

悬空寺以西为正，大门朝南开，越往北走地势越高，空间越窄。全寺为木质所建，楼体大都悬空，它的最高处离地面大约有 50 米，当地人称"悬空寺，半天高，三根马尾空中吊"。

今天就由我带大家一起领略悬空寺的"奇""悬""巧"。

说到奇，悬空寺处于深山峡谷的一个盆地内，全身悬挂在峡谷中间，石崖顶峰突出部分好似一把撑起的巨伞，使悬空寺免受雨水侵蚀；岩石两边突出的山崖，缓解了塞外凛冽的风势，风吹不到悬空寺；悬空寺对面高耸的天峰岭为其遮挡了阳光，减少了暴晒。如此优越的地理位置也是悬空寺能完好保存至今的重要原因之一。

说到悬，这里峭壁万仞，高挂古刹，上载危岩，下临深谷。您若沿栈道楼阁一路上行，无论举手投足，拾级而上，还是登堂入室，仰望俯视，都有身临险境之感。全寺共有殿阁 40 间，表面看上去支撑全寺的是这十几根碗口粗的木柱，所以许多人都说"未上悬空寺，心倒是悬起来了"。

最后是巧，体现在建寺时因地制宜，充分利用峭壁的自然状态建造寺庙各部分，将一般寺庙平面建筑的布局建造在立体的空间中，山门、钟鼓楼、大殿、配殿等都无一缺失，设计非常精巧。工匠们充分利用"半插飞梁为基，巧借岩石暗托"的力学原理，在陡崖上凿些

"口小肚大"的石洞，然后在洞内放置一定长度的锥形木楔，把当地盛产的铁杉木一端加工成较小的内凹锥形为卯眼，猛力砸进洞内作为横梁。这样一来木楔钻进卯眼相互咬合，外面用力越大，里面咬合越紧，直至撑满整个石洞，这原理就像我们现代的膨胀螺栓。随后，在悬梁上铺板立柱，构筑梁架，建成殿台楼阁，形成完整的木质框架结构。

悬空寺选择之奇，建筑之悬，结构之巧，是当之无愧的世界珍宝。

除了惊叹之外，想必大家还有更多疑问。1 500 多年前没有先进的设备，工匠们是怎样凌空修建悬空寺的呢？

清代同治年间的一块石碑上写着，"不知者以为神之功也"。相传，在当年修建悬空寺时，一位姓张的师傅率领一群巧匠承揽施工，他们把所用材料在山下加工，然后绕几十里山路运到寺顶山头，在寺院崖头上吊两股绳，结成两个圈，一圈束腰，一圈蹬脚，连人带料吊下半崖，凌空施工。

古往今来，悬空寺以其独特的魅力吸引了不少文人墨客。公元 735 年，诗仙李白云游至此，挥毫书写了"壮观"两个大字；公元 1633 年，明代地理学家徐霞客游历悬空寺后，在他的游记当中留下了"天下巨观"的赞誉。如今，悬空寺静谧而庄重，高耸而致远。走过近15 个世纪的漫长光阴，悬空寺依然光彩夺目。

范文2　空中楼阁——空中楼阁悬北岳

莽莽苍苍蜿蜒在塞北高原的北岳恒山，有许许多多奇特的景观，古有"恒山十八景"之说，其中，最知名的便是建于北魏后期距今已有 1 500 多年历史的悬空寺。悬空寺被评为世界十大奇险建筑之一，但它不仅以建筑的惊险奇巧著称于世，自身独特的"三教合一"宗教文化内涵同样精彩纷呈，以巧妙的多元宗教文化内容，在作为边塞民族融合之地和历代战争此起彼伏的金戈铁马格局中，竟然得以 1 500 多年保存完好，未受损害，堪称奇迹中的奇迹。

远望悬空寺，仿佛一幅玲珑剔透的玉雕刻在巨大屏风之上；近观悬空寺，又像是一幅细致入微的剪纸，镶在万仞峭壁之间。如雕似嵌，景冠北岳，傍崖凌空，风雨千年，引得历代名人称奇叫绝，中外游客心驰神往。

全寺布局以西为正，大门朝南开，自南向北修建，由三部分组成，每一部分都有一座三层楼阁，设置悬梯、栈道连接。

第一部分是一个标准的寺院布局，由于建于悬崖峭壁之间，所以将一个平面的寺院布局立体化了。第一部分的第一层是禅堂；第二层是大雄宝殿，大雄宝殿的两端左为钟楼，右为鼓楼；第三层是大雄宝殿的两个配殿。

沿回廊往前走就是南楼。南楼一层为纯阳宫，供奉道教八仙之一的吕洞宾。二层为三官殿，三官殿是悬空寺最大的殿堂，供奉赐福于人的天官、赦罪于人的地官和为民解厄的水官。三层为佛教雷音宝殿，因为佛教认为释迦佛祖传播弘扬佛法的声音如雷鸣般响亮，故现今国内仍有许多佛寺称大雄宝殿为雷音殿。殿内主像为释迦牟尼，进殿后我们可以看到琳琅满目的悬塑。有二十四诸天王像，形象生动，也是寺中泥塑之精品。

真正体现"悬"的地方是第二部分和第三部分。两座楼之间均由悬空飞架的栈道连接。这就是中国传统的"半插飞梁为基，巧借岩石暗托"的建筑结构。走过栈道，我们来到的就是北楼，北楼一层是五佛殿，供奉佛教密宗的五方佛；二层是观音殿；三层是三教殿，是悬空寺最有宗教特色的一座大殿。

殿内，三位教主共聚一堂，中间供奉的是佛教创始人释迦牟尼，左边供奉的是儒家创始人孔子，右边供奉的是道家鼻祖老子。三个人都是丰臂润面，端坐莲台，经历了千年以上的和睦相处，相安无事。由此可见，正是南北朝以来的历代先贤哲人，把儒家的进取思想、道家的超脱传统学说、佛家的圆通智慧，互融互补，融为一体，才成就了中华文明的博大深邃和源远流长。三教始祖同居一殿，佛祖居中，虽然世所罕见但正是中华民族胸怀博大、包容开放的历史反映。"三教合一"的宗教思想在这座小小的建筑中得以体现。

正因为如此，著名物理学家、诺贝尔物理奖获得者杨振宁教授30年前到此跨飞栈、盘旋梯、拜三教后说："宗教团结体现了我们中华民族'和为贵'的伟大思想，反映了传统文化兼容并蓄的意蕴。"

悬空寺历经了千年的雨雪风霜，当年兴盛一时的鲜卑王朝早已消失在了历史的长河当中，只有它还默默地伫立在这里见证着时代的变迁。随着大同旅游业的不断蓬勃发展，悬空寺也早已旧貌换新颜，成为大同旅游对外宣传的一张重要名片。

【讲解情景模拟实训】

北岳恒山

▶ 一、实训目标 ▶▶

（1）通过模拟讲解训练，熟知悬空寺的历史背景、规模布局和价值评价。

（2）能够分析悬空寺的建筑方法、建筑结构；理解其"三教合一"的文化内涵；完成导游词创编。

（3）结合基本讲解方法，通过教师示范，掌握具体讲解方法，并通过分组和角色扮演进行讲解实训，亲身感受讲解过程，体会讲解导游词的感受。

▶ 二、实训步骤 ▶▶

（1）教师介绍常用的几种导游讲解方法并进行示范性讲解。

（2）学生分组模拟多种旅游团（如商务团、学生研学团、老年团等），每人依次进行导游讲解练习。

（3）每个学生按照参加全国导游口试标准，讲解 8 分钟导游词，4 分钟专题，小组成员扮演游客予以配合。

（4）填写实训报告，回答相关问题。

三、问题思考

（1）请在 5 分钟内即兴讲述悬空寺的历史背景和建筑风格。

（2）请简述使这座千年建筑保存完好的原因。

（3）请简述悬空寺是怎样建在悬崖峭壁之上的。

【技能拓展与延伸】

（1）悬空寺是一座具有极高历史、文化和建筑价值的古代建筑奇观。我国遗存的早期古建筑，绝大部分在山西境内。中国早期古建筑的发展脉络，只有在山西才能有所领略。请查阅相关资料，了解山西古建筑的屋顶、斗拱、梁架、柱网及内部艺术等，一起领略古建艺术的独特韵味，探寻砖瓦间的智慧。

（2）根据所学知识与技能，分组进行合作探究活动，围绕大同地区的其他景点进行导游词创新编写，挖掘旅游资源，进行导游解说，然后拍摄成视频资料，在班级群内（或专业网站）进行互动交流，展示其发展美、人文美、和谐美。

任务六 应县木塔模拟讲解词实训

【学习目标】

1.素养目标

（1）热爱本职工作，在服务中践行游客至上的专业品质。

（2）体悟中华传统文化在世界文化中的地位和价值，树立文化自信，为传承和弘扬中华优秀传统文化贡献力量。

（3）提升文化保护意识，认识保护文化遗产的重要性，积极参与文化传承与保护工作。

2.知识目标

（1）熟知应县木塔的地理位置、建筑年代、全貌和历史文化内涵等。

（2）掌握应县木塔的建塔目的和耸立千年的原因，以便更好地向游客介绍。

（3）通过模拟实践，掌握应县木塔景区导游讲解服务技巧，学习导游词创作技巧。

3.能力目标

（1）掌握讲解技巧，包括语言组织、表达方式、语速控制等，能够清晰、流畅地介绍应县木塔的建筑结构、修建目的和耸立千年的原因。

（2）培养景区导游服务及撰写导游词的能力和技巧。

（3）养成仔细观察、善于辨别、勤于思考的习惯，努力提高导游词编创水平。

【引言】

"好到令人叫绝，喘不出一口气来半天。这个塔真是个独一无二的伟大作品，不见此塔，不知木构的可能性到了什么程度。我佩服极了，佩服建造这塔的时代和那时代里不知名的大建筑师、不知名的匠人。"

——梁思成致林徽因

知识点 1　应县木塔概况

一、地理位置

应县木塔位于山西省朔州市应县城西北的佛宫寺内。

二、最古：建筑年代

应县木塔建于辽清宁二年（1056 年），距今已有 969 年的历史了，是我国现存最古老的木塔，也是世界上现存最古的老木构建筑。

三、最高：塔体全貌

应县木塔高 67.31 米，木塔由塔基、塔身、塔刹三个部分组成。相当于现代建筑的 20 层楼那么高，整座塔全部是榫卯结构，没有一颗钉子。应县木塔是世界上现存最高大的木构建筑，如图 6-1 所示。

木塔建在一个 4 米高的两层砖石塔基上，平面呈八角形，共有五层六檐，每个明层之间还有一个暗层，实为九层，可谓"明五暗四"。塔顶有高约 12 米、制作精致的塔刹。整个木塔看上去层数不多但特别高大。

图 6-1　应县木塔

四、最奇：木塔斗拱

木塔每层檐下即暗层平座围栏之下，都是或大或小一组挨一组的斗拱，犹如朵朵盛开的硕大莲花。据专家统计，木塔共用 54 种 240 组不同形制的斗拱，是我国古代建筑中使用斗拱最多的塔，堪称"斗拱博物馆"，真可谓"远看擎天柱，近看百尺莲"。

五、塔内景观

第一层：主尊释迦牟尼佛像结跏趺坐在中央八角莲台上，过去六佛依顺时针方向图绘在内壁，与绕行礼拜的方向一致。尽管经过后代修补和重整，佛像造型的种种细节依然显示出辽代佛教艺术的特征。

第二层：主尊佛像左右是两尊胁侍菩萨，文殊、普贤两位上首菩萨在其前方，分别坐于狮子和白象驮伏的莲座上。四臂文殊和阿閦佛手印等不合常规的造型特征令这组造像的身份判定产生疑问。

第三层：八角形木质佛坛上，四尊主佛各朝一面而坐。每尊佛都是螺发肉髻，穿通肩袈裟，决定佛像身份的，主要是手印和佛座下方鸟兽的差异。这些特征及其方位，符合密教金刚界曼荼罗布局。

第四层：骑狮文殊、骑象普贤与毗卢遮那佛的组合，是中唐以后开始流传的华严三圣形象，再辅以声闻弟子和童男童女（已失），这组造像以简练而准确的方式呈现了《华严经》中大庄严重阁法会的场面。

第五层：八尊菩萨围绕在以密教手印示现的毗卢遮那佛周围，构成曼荼罗，虽然菩萨头手皆为毁后重塑，但莲座和躯干大体完整，保留了具有典型辽代中晚期特征的服饰细节，如云肩和明光铠的外衣组合。

知识点 2　应县木塔的建塔目的

一、礼佛

辽代的统治者十分崇信佛教，在各地修建了许多宏伟的佛教寺庙，用来礼佛。应县木塔本名"佛宫寺释迦塔"，是佛宫寺内的一座塔。

二、观敌瞭阵

辽宋当年频频用兵，应州（今应县）处于两军对垒的前沿，在此处修一高塔，可以用来观察敌情，服务于军事。

三、观光赏景

辽兴宗的皇后萧挞里是应州人，深受辽兴宗的宠爱。在她的家乡建此高塔，是为了让萧皇后登塔欣赏家乡的山川美景。

知识点 3　应县木塔千年耸立之谜

一、独特的结构方式，保证了木塔的稳固性

（1）八角形框架，提高建筑的稳固性。

（2）双层套筒式结构：两个内外相套的八角形框架将木塔平面分为内槽和外槽，各层均用内、外两圈木柱支撑，每层外有 24 根柱子，内有 8 根，木柱之间使用了许多斜撑、梁、枋和短柱，组成不同方向的复梁式木架，构成一个刚性很强的双层套筒式结构，大大增强了木塔的稳固性。

（3）叉柱造方法：各层之间的连接采用了十分科学的叉柱造方法，并逐层内收，使稳定性大为增加。

综合以上三种方式，造就了应县木塔超凡的稳固性。

历史记载，元顺帝时大震七日，房屋倒塌，人死几千，木塔岿然不动。1926 年，山西军阀混战，阎锡山与冯玉祥两军大战，应县木塔曾遭受 200 多发炮弹的轰击，塔身弹痕累累，仍安然无恙，堪称奇迹。

二、不蛀不朽

应县木塔不蛀不朽的原因如下：

（1）木塔地处气候干燥的黄土高原，没有白蚁危害。

（2）木塔的守护神——麻燕每年夏天围着木塔满天飞舞，把虫蛾吃光了。

（3）气候相对干燥，冬春多风少雨，夏秋几无阴雨连绵的日子，尤其雁北地区的气温早晚温差大，十分利于木材的干燥和防腐。

（4）历代政府不断维修，当地人民群众的爱护和精心保护。

三、防雷防火

有专家分析，不受雷击和应县木塔高达 12 米的金属塔刹有关。塔刹全为铁件制成，中心有铁轴一根，插入梁架之内，周设八根铁链系紧，迄今完好无损。从 20 世纪 70 年代发展起来的一种防雷装置——现代消雷器的原理看，其造型恰是一个很典型的"伞形离子发生

器"法拉第笼的上盖。应县木塔的塔刹与之极为相似。因此,可使木塔千年不受雷击。木塔四周在雷雨天常有雷击现象,仅 20 世纪 50 年代,在离塔 100 米左右的地方就有两次雷击,但木塔却安然无恙。

但这只是专家的分析,并没有公认的科学解释,至今仍是一个谜,这也正是"奇"的一个方面。

知识点 4 应县木塔文化内涵

应县木塔不仅具有超凡的建筑成就,而且具有浓厚的历史文化气息。这主要反映在众多的名匾、独特的彩塑壁画、珍贵的佛牙舍利三个方面。

应县木塔自建成以来,观瞻木塔成为许多人向往的乐事,历代君王将相、达官显贵、文人墨客和佛门弟子等前来登临观赏,抒发情怀,在这里留下了许多赞颂匾额和楹联。塔上和寺门牌楼共有 53 面牌匾和 6 副楹联。其中有明朝两位皇帝登木塔时留下的题字。

(1)"峻极神工"四字是明成祖朱棣于永乐四年(1406 年)北征时亲笔所题。

(2)"天下奇观"四字是明武宗朱厚照于正德十三年(1518 年)到应县登塔宴赏时所题。

(3)"释迦塔"木牌是所有匾额中文物价值最高、年代最久远的的牌匾。由金代七品官王献所书,不仅书法精良,同时记录了木塔的几次修葺年代,是考证木塔历史的珍贵史料。

【导游词范文赏析】

范文1 千年古塔——相约千年再见古塔

千年木塔耸凡尘,紫气祥云绕福民。神功峻极固宏基,麻燕翻飞剪薄曦。

游客朋友们,大家好!今天由我带大家一起参观我国现存最古老的木塔,也是世界上现存最高大的木构建筑——应县木塔。

应县木塔位于山西省朔州市应县城西北的佛宫寺内,建于辽清宁二年(1056 年),距今已有 969 年的历史。它是目前世界上现存唯一的、完整的全木结构的阁楼式宝塔。应县木塔高大雄伟,建造结构精致巧妙、历史悠久、典故颇多,具有极高的观赏价值、文物价值和木结构工艺技术价值。

它历经苍沧,遭受过无数次自然和人为破坏。元代以后,应县曾发生过十余次较强的地震,其中六级以上的就有三次,房毁人亡,木塔却安然无恙。1926 年军阀混战时,木塔曾中弹 200 余发,至今弹痕可见,而它仍巍然屹立。

这与它独特的结构有关。应县木塔在平面结构上用八角形框架,双层套筒式结构能大大加强稳固性，以及在立体结构上使用叉柱造，并逐层内收，上下各层加施许多斜撑，符合三角形固定的力学原理。

不仅如此，由于木塔地处干燥的黄土高原，没有白蚁的危害，还有麻燕每年夏天围着木塔飞舞，把虫蛾都吃光了。尤其雁北地区早晚温差大，有利于木材的干燥和防腐。有专家分析木塔之所以不受雷击和它高达12米的金属塔刹有关，塔刹全为铁制成，中心由一根铁轴插入梁架之内，宛如避雷针，能起到避雷作用。

那么大家知道，为什么会选在这么偏远的地区建造宏大的木塔吗？

一是因为辽代的统治者十分崇信佛教，在各地修建了许多宏伟的佛教寺庙用来礼佛。应县木塔又名佛宫寺释迦塔，是佛宫寺的组成部分之一。二是应州处于辽宋两军对峙的前线，在此处修一高塔可以服务于军事，起到瞭望的作用。

应县木塔不仅具有超凡的建筑成就，而且具有丰富的历史文化艺术内涵。它主要反映在众多彩塑壁画、独特的佛牙舍利和名匾三个方面。

应县木塔自建成以来，观瞻木塔成为许多人向往的一件事。历代君王、达官贵族等前来登临观赏，泼墨题字，留下许多赞颂的牌匾和楹联。全塔共有53面牌匾和6副楹联，有的叙事说景，有的抒情写景。这既是中华文化书法艺术之瑰宝，也是历代修缮木塔的见证。

第三层塔檐下"释迦塔"三字匾是最早的匾额，制匾年代为金代。第四层塔檐下"天下奇观"（图6-2）是明代朱厚照登木塔时所题。而第五层塔檐下"峻极神工"四字匾是明成祖朱棣北征时所题，一语道出木塔设计之巧、建筑之奇、技术之高超。

图6-2　应县木塔匾额

应县木塔内彩塑壁画也非常独特，第一层映入眼帘的是一尊11米高的释迦牟尼金身坐像，形态安详，他的面部有一圈绿色的胡须，还佩戴了耳环，在其他寺院难以见到此画面，反映了契丹人以蓄胡须为美的审美。

应县木塔这座集建筑文化、道家文化和佛教文化于一体的文化之塔，珍藏着两枚佛牙舍利。它被称作"佛陀的宫殿，释迦的塔"，在佛教建筑中也是独一无二的。

显赫一时的王朝，曾金戈铁马，曾气吞万里，但最终淹没在岁月的河流中，只留下木塔傲世古今。驻足塔下，我们在惊叹古代工匠的智慧时，也请您为这位千岁老人虔诚祈祷，期待与他的下一个千年之约。

范文2　峻极神功——应县木塔管天宫

尊敬的各位游客朋友们，大家好！我们今天要游览的是山西的应县木塔。

应县木塔是世界上现存最古的木构建筑，也是世界上现存最高大的木构建筑。原名为佛宫寺释迦塔，位于山西省朔州市应县城西北的佛宫寺内。

应县木塔建于辽清宁二年（1056年），距今已经有900多年的历史了，塔由4米高的塔基、塔身和10米多高的塔刹三部分组成，全塔高67.31米。塔身为楼阁式建筑，平面呈八角，从外面看五层六檐，但实际上每层之间含有夹层，是个9层楼阁。全塔最大的建筑特点是没有一根铁钉，全部是靠木构建筑和50多种斗拱，榫卯咬合叠加而成。"远看擎天柱，近看百尺莲"，其宏伟的外观，堪称我国古代建筑之瑰宝、世界木构建筑的典范。

关于应县木塔的修建，共有三种不同的说法。其一，辽代的统治者十分崇信佛教，在各地修建了许多宏伟的佛教寺庙，用来礼佛。应县木塔本名"佛宫寺释迦塔"，是佛宫寺的组成部分。其二，辽宋当年频频用兵，应州处于两军对垒的前沿，当时并没有我们现在这么先进的瞭望设备，在此处修一高塔，无疑可以服务于军事。其三，辽兴宗的皇后萧挞里是应州人，深受辽兴宗的宠爱，在她的家乡建此高塔，是为了让萧皇后登塔欣赏家乡的山川美景。

应县木塔位于大同盆地地震带，据历史记载，元大德九年（1305年）4月，大同路发生了6.5级强烈地震，波及木塔。1976年唐山大地震也波及应县木塔，其仍然安然无恙。1926年，木塔还曾被200余发火弹击中，经历了多次地震与磨难，这座木塔依然在中华大地屹立，可真是一个奇迹。

应县木塔保存千年，主要有以下几方面的原因。首先，整个木塔呈平面八角形，提高了建筑的稳定性，古代工匠们在上层每层内外都有两圈木柱支撑，内有8根，外层有24根，构成了"双层套筒结构"。这样的套筒结构大大增加了木塔的稳定性。其次，木塔所处的地理环境比较干燥，不会产生白蚁危害，木塔的守护神麻燕每年夏天也会围绕着木塔漫天而飞，千年来守护木塔。最后，直插云霄的应县木塔未遭受过雷击，有专家学者分析过，是木塔的金属塔刹起到了避雷针的作用。也有人说是因为木塔本身就起到了绝缘体的作用，所以不易发生火灾。

巍然屹立的木塔向游客讲述着千年的故事，听檐角铃铛清脆的响声，看一群群麻燕不知疲倦地绕塔飞舞。它们以塔为家，一代代繁衍，和木塔一起见证着这些岁月。一个个王朝崛起又衰落，而塔和燕依旧在此，成为永恒。有诗赞美木塔的神奇："玲珑峻碧倚苍穹，海内浮图第一功。"为了让千年古塔能够永续传承，再耀千年，我们每个人应义不容辞地对木塔进行保护，让我们的后人也能为之大大惊叹一番。

辽太后萧挞里与
应县木塔

【讲解情景模拟实训】

一、实训目标

（1）通过模拟讲解训练，熟知应县木塔的地理位置、建筑年代、全貌和历史文化内涵等。

（2）熟知应县木塔的建塔目的和耸立千年的原因，完成导游词创编。

（3）结合基本讲解方法，通过教师示范，掌握具体讲解方法，并通过分组和角色扮演进行讲解实训，亲身感受讲解过程，体会讲解导游词的感受。

二、实训步骤

（1）教师介绍常用的几种导游讲解方法并进行示范性讲解。

（2）学生分组模拟多种旅游团（如商务团、学生研学团、老年团等），每人依次进行导游讲解练习。

（3）每个学生按照参加全国导游口试标准，讲解8分钟导游词，4分钟专题，小组成员扮演游客予以配合。

（4）填写实训报告，回答相关问题。

三、问题思考

（1）请在5分钟内即兴讲述应县木塔概况。

（2）请简述建塔目的和耸立千年的原因。

（3）思考如何讲好应县木塔所承载的文化教育力量。

【技能拓展与延伸】

（1）应县木塔历经千百年风雨的洗礼而始终屹立不倒，历代工匠的恰当维修功不可没。但是进入近现代之后，几次战争对木塔局部造成了严重损坏。近年来，木塔倾斜的趋势不断加剧，存在着局部甚至整体失稳风险。请查阅相关资料，思考保护应县木塔的可行性方案。

（2）根据所学知识，并在网上查阅资料，思考如何宣传介绍，让更多的游客真正读懂应县木塔，提升游客对传统建筑文化的认识，坚定文化自信，自觉强化对所有文化遗产的保护传承与发展，珍惜中华传统建筑文化的价值并发扬光大。

（3）根据所学知识与技能，分组进行合作探究活动，围绕朔州地区的其他景点进行导游词创新编写，挖掘旅游资源，进行导游解说，然后拍摄成视频资料，在班级群内（或专业网站）进行互动交流，展示其发展美、人文美、和谐美。

任务七　雁门关模拟讲解词实训

【学习目标】

1. 素养目标

（1）在讲解中融入自己的情感，展现对景点的热爱和对游客的关怀，通过真挚的情感交流，拉近与游客的距离，提升服务质量。

（2）热爱本职工作，在服务中践行游客至上的专业品质。

（3）在讲解过程中融入家国情怀教育，深刻理解每个景点背后的历史故事、民族精神和家国情感，培养对国家和民族的深厚感情。

2. 知识目标

（1）熟知雁门关的概况、历史沿革及名将传奇。

（2）熟知雁门关的军事防御体系及主要看点。

（3）通过模拟实践，掌握雁门关景区导游讲解服务技巧，学习导游词创作技巧。

3. 能力目标

（1）能够运用恰当的语言对雁门关景区进行分析和描述，把握雁门关的魅力。

（2）培养景区导游服务及撰写导游词的能力和技巧。

（3）养成仔细观察、善于辨别、勤于思考的习惯，努力提高导游词编创水平。

【引言】

风云漫卷越关山，漠色连穹傍戍烟。

叠嶂藩屏萦角鼓，长城险要嵌玄天。

满门忠烈山河见，百战功勋日月悬。

极目神州心廖廓，雁门楼上谱英篇。

知识点 1　雁门关的概况及历史沿革

一、概况

1. 地理位置

（1）雁门关位于山西省忻州市代县以北约 20 千米的雁门山中，是长城的重要关隘之一，以险著称。

（2）此地向北可通大同、蒙古，向南可至太原和洛阳，自古有"雁门失则太原陷，太原陷则中原危"之说，自古就是兵家必争之地。

（3）它与宁武关、偏关合称为"外三关"，是古代中原通往北疆和西域的重要通道。

2. 得名由来

（1）地理形态说：雁门山东西两峰对峙，如巨门开合，南来北往的大雁，只能从两山之间飞过，故名雁门山，所以修建的关城也叫雁门关。这种说法强调了雁门关的地理特征，即其特殊的山形和地理位置。

（2）历史事件说：相传王昭君出塞时，弹奏琵琶，空中飞雁为之忘情坠落，因此得名"雁门"。这种说法赋予了雁门关更多的文化内涵和历史情感。

3. 修建年代

（1）战国时期赵国设雁门郡，历代派兵驻守。

（2）唐代初期开始用雁门关之名，并在雁门修筑关城。

（3）之后历代经营，形成完善的防御体系。

4. 文化价值

（1）2001 年被列为全国重点文物保护单位。

（2）2014 年雁门关风景区荣获"中国最佳文化旅游观光目的地"称号。

（3）2017 年被评为"国家 5A 级旅游景区"。

（4）傅山先生曾写"三关冲要无双地，九塞尊崇第一关"。

（5）在历代留下了"天下九塞，雁门为首"的说法。

（6）被誉为"中华第一关"。

（7）世界文化遗产——万里长城的重要组成部分。

5. 现存布局

雁门关有东西两座关城：

西陉关——明代以前的主关城。

东陉关——现在所说的雁门关是明代洪武年间加固扩建后的。

雁门关主体建筑包括瓮城、关城、围城三部分。

二、历史沿革与名将传奇

在中国历史上，雁门关（图 7-1）一直是中原抵御北方游牧民族南下的前线要塞，见证了无数的战争和英雄。

图 7-1　雁门关

3 000 年前，周穆王即位之初，雄心勃勃四处征战。为了对北方游牧民族形成威慑力，他花了 2 年时间，对边疆地区进行巡视，巡视的地点之一就有雁门关。

战国时期，雁门关一带属于赵国管辖。赵武灵王继位后，推行胡服骑射政策，使当时的赵国日益强盛。当时赵武灵王打败了林胡、楼烦的入侵，建立云中、雁门、代郡。

名将李牧镇守雁门。他们率领精锐的骑兵部队，以诱敌深入之策，大破匈奴十万骑兵，吓得匈奴十多年不敢南侵。

秦始皇统一六国后，着手反击匈奴，派大将蒙恬率 30 万大军北伐，向匈奴发起主动进攻，蒙恬从雁门出塞，将匈奴打得落荒而逃，匈奴骑兵被迫撤退七百余里，逃到阴山以北，从此不敢南下进犯。

汉朝初期，汉高祖刘邦亲自率领 30 万大军，出雁门追击韩王信和匈奴军队，匈奴军队使用诱敌之技，将刘邦大军重重围困在白登山长达七天七夜，幸好谋士陈平出了一个计策，收买了冒顿单于的妻子阏氏，刘邦才得以脱险。

前事不忘，后事之师，汉武帝即位后，对匈奴展开反击，一时之间卫青、霍去病、李广等在雁门外多次击败匈奴军队，李广担任代郡、雁门、云中太守时，与匈奴交战数十次，被匈奴称为"飞将军"。

无休止的战争，给民众带来了深重的灾难。公元前 33 年，匈奴首领呼韩邪单于主动向西汉称臣并请求和亲，年轻貌美的王昭君，从雁门出塞，嫁给匈奴单于呼韩邪。"昭君出塞"

换来了较长时间的和平。

前有"昭君出塞"，后有"文姬归汉"。东汉末年，兵荒马乱，一代才女蔡文姬被俘虏至南匈奴，成为左贤王的夫人。曹操知道这件事之后，派人带着礼物到南匈奴，要将蔡文姬接回来。左贤王不愿意，但又不敢违背曹操的话，只好将蔡文姬放回中原。蔡文姬从雁门关回到了离别多年的家乡。

铁打的雁门，流水的王朝，唐朝不修长城，却在雁门一带修筑了一道险峻的关口，关口之高连大雁都飞不过去，因而得名"雁门关"。雁门关是唐朝兴衰的见证者，老将郭子仪出雁门关平定了"安史之乱"，名将薛仁贵长期驻守雁门关防范突厥骑兵南下。仅仅唐朝，雁门关一带就发生了40余次战争。

宋朝时期，宋朝与辽国在雁门关多次展开拉锯战，英勇的杨门虎将杨业、杨延昭等人英勇出战。

元朝时期，雁门关一度被毁坏，到了明朝，吉安侯陆亨在雁门关附近重新修建了一座关城。

清朝时期，由于边疆稳定下来，雁门关逐渐失去了边关的作用，城墙逐渐荒废，任风吹雨打，无声地诉说着昔日的辉煌。

知识点 2　雁门关的主要看点

1. 关城（东陉关）

关城位于东陉关遗址，明洪武七年（1374年）吉安侯陆亨被贬于代州时所建。明景泰、正德、嘉靖增修，万历复修，历经600余年。关城周长1000米，墙高10米，石座砖身，内为夯土，开门三重，即东门、西门、小北门。

2. 瓮城

瓮城位于关城北侧地利门外，城高及关城之半，设有暗门。瓮城门俗称小北门，石券门顶，额匾书刻"雁门关"三个大字。两侧镶嵌砖镌联语一副："三边冲要无双地，九塞尊崇第一关。"一字一砖，相传为傅山先生所书。城门上有楼，砖木结构，谓瓮城门楼。修建瓮城是为了保护地利门。

3. 地利门

（1）地利门为关城西门，门洞上方匾额刻有"地利"二字。

（2）"埊"这个字据说是武则天所创，同土地的"地"是一个字，上面一个"山"字，中间一个"水"字，下面一个"土"字，表示有山有水有土地。

（3）城门建有宁边楼，其为二层歇山顶结构，楼内原为杨六郎祠，现为雁门关古代军事博物馆。

4. 关城内（军事防御体系图）

第一步：

进攻者要分别占领雁门关外的山阴和应州两县。这样才可以建立进攻的支撑点。

第二步：

要在山前排兵布阵，血战白草、广武两大隘口。新旧广武城城池坚固，地势易守难攻，对方重兵把守，不经过一场惊天动地的血战是很难取胜的。

第三步：

进入狭长的东西陉道，进攻方兵力不宜展开，32 道障碍墙层层设防，所以需要步步为营、各个击破。

第四步：

这样才可以分别抵达西陉关和东陉关前，这两座关城"城随山势转，关并塞云齐"，是雁门关军事防御体系的核心。只有付出惨痛的代价后才能攻破关城。

第五步：

西出西陉关还要翻山越岭突破太和岭口，东出东陉关还要趟河涉水突破南口隘口。这里又是一场血战。

第六步：

出太和岭口攻陷赵国大城，出南口占据代州古城。

第七步：

滹沱河沿岸还有 12 联城 39 堡形成链条式防御体系，那么第七步必须对这些城堡各个击破，才可以饮马滹沱河群，挺进千里中原。

5. 天险门

天险门（图 7-2）为关城东门，其上建有关楼，又名雁楼。原建已毁于 1937 年，现存主体为 1989 年重建，2010 年补修。雁楼面阔 5 间，进深 4 间，重檐歇山顶式，四周设有回廊。楼内空敞，历史上的主要功能是供兵丁巡察、瞭望，现为雁门关古代博物馆。

图 7-2　天险门

门洞上的题词为武则天所题，武则天赐名天险门。天字由武则天所创。由"艹字头、田、戈"组成，代表要粮草充足、国土广袤加上精锐的军队才能算天险。

天险门雁楼的牌匾上写着"中华第一关"。

6. 李牧祠

走出天险门，看到的是李牧祠，又叫靖边祠、武安君祠。

明正德三年（1508 年），为纪念战国时期赵国的大将李牧而建。清咸丰六年（1856 年），僧人善全在李牧祠旧址上兴建佛寺，改名护国镇边寺。李牧祠遂成为以佛寺为主、兼祀李牧的复合建筑。民国 26 年（1937 年）日军占领雁门关后，该祠遭到毁灭性破坏，仅存地基。2009 年以后，按原样复建后改名镇边祠（图 7-3），成为集中展示姬幸、李牧、薛仁贵、杨家将等西周至明朝 2 600 多年间守关名将的展览馆。

图 7-3 镇边祠

山门前有石狮、石旗杆，均为明代遗物。祠内明镌李牧碑及碑楼完好无损，寺后青松数株，高大挺拔，郁郁葱葱。

西门外瓮城内的关帝庙香火旺盛。关城内正北有守关衙署，东南设有练兵校场，还有雁靖坊、明月楼、道碑亭。关西制高点上有雁月楼，也名威远楼，整个关城位置险要，建筑雄伟。

【导游词范文赏析】

范文1 金戈铁马——金戈铁马出雁门

各位游客，大家好！欢迎来到雁门关，我是您的导游。希望我的讲解能带给您一次美好的旅游体验。现在我们来到的是雁门关，位于山西忻州市代县城北约 20 千米的雁门山。2001 年被列入全国重点文物保护单位。

顾炎武在他的《天下郡国利病书》里有一段描述："两山对峙，其形如门，而蜚雁出于其间，故名雁门。"雁门关分为东陉关和西陉关。"汉高祖北征匈奴""李牧、李广镇守雁门""卫青、霍去病北击匈奴""昭君出塞""文姬归汉""杨家将镇守雁门"都发生在西陉关。而今天我们所说的雁门关则指的是东陉关。在这里曾留下过李自成大军和清末著名晋商乔致庸的足迹。

现在我们来到的是瓮城门，镌刻着"雁门关"三个大字，两侧则镶嵌由傅山先生所题写的对联"三边冲要无双地，九塞尊崇第一关"。这充分体现了雁门关无与伦比的战略地位。

进入关城，请大家看看这幅雁门关军事防御体系图，它是一个为了防御北方游牧民族而历经3 000年才构建完善的庞大军事体系，302平方千米的范围内形成了"双关四隘口"7大军事防御体系，现在让我们穿越回那金戈铁马的时代，率军突破雁门天险，挺进千里中原，摧毁七大防御体系：第一步，要分兵占领雁门关外的山阴和应州两县。这样才可以建立进攻的支撑点。第二步，要在山前排兵布阵，血战白草、广武两大隘口。两座隘城是雁门关乃至中原的桥头堡，城坚势险，重兵把守。只要突破了这两大隘口，第三步就可以进入狭长的东西陉道，32道障碍墙层层设防，需要步步为营、各个击破。这样，第四步才可以分别抵达西陉关和东陉关前，这两座关城"城随山势转，关并塞云齐"，是雁门关防御体系的核心。付出惨痛的代价后我们终于攻破了关城。第五步，西出西陉关还要翻山越岭突破太和岭口，东出东陉关还要趟河涉水突破南口隘口。这里又是一场血战。第六步，就是出太和岭口攻陷赵国大城，出南口占据代州古城。如果这时你认为已经大功告成，那就错了，因为，滹沱河沿岸还有12联城39堡形成的链条式防御体系。第七步，必须对这些城堡各个击破，才可以饮马滹沱河群，挺进千里中原。

走出天险门，现在看到的是李牧祠，大家跟随我一起向关南望去，雁门古道在崇山峻岭间蜿蜒盘旋，雄才大略在这里施展，历史激情在这里交汇，爱国情怀在这里倾注，御敌故事在这里讲述。它像千里的中原卫士，守护着关内的安康和幸福，愿雁门关的苍凉与厚重带给您对历史的追忆，愿雁门关的豪迈与无畏带给您对民族的敬仰。

谢谢大家。

范文2　天下九塞——马蹄驼铃走雁门

各位游客，您现在来到的就是中华第一关——雁门关了。

雁门关何时所建，史无明文。但早在《吕氏春秋》中就已盛名远播，"天下九塞，勾注其一"。如果从周穆王十七年（公元前960年）巡边西域，"绝之关蹬"算起，已过往烟云3 000载，其历史之悠久、地形之险绝、体系之完备、地位之重要、战争之频繁，雄居华夏各关要隘之首，因此，2003年中国著名长城专家罗哲文先生欣然题词："雁门关——中华第一关。"雁门关的历史是厚重的、多彩的。我们可以从以下几个方面来了解它！

雁门关首先是一座铁血战场的国门："南思洞庭水，北想雁门关。"在中国古代，雁门关和洞庭湖是北界和南疆的代名词。这里"咽喉全境，势控中原"，由于山高风大，南下的大雁来到这里必须盘旋三圈才能通过，故名雁门。从赵襄子主持3家分晋，到贺龙指挥雁门关伏击战，2 500年来，发生大小战争就达1 100多次，一部雁门关历史就是半部腥风血雨的中国古代军事史。早在2 500年前，赵襄子就在这里设"鸿门宴"，杀死了自己的姐夫代王，从而占领了雁门关；汉高祖刘邦出雁门受困于白登山；李牧、李广、郅都守雁门防御匈奴；

郭子仪出雁门平定"安史之乱"；薛仁贵镇守雁门防御突厥；宋代杨家将守关防御契丹；宋末钦宗被俘经过雁门关；明代重修雁门关阻止瓦剌南下；李自成攻破雁门关挺进北京。可谓"得雁门而得天下，失雁门而失中原"。

雁门关其次是一处著名将帅摇篮。名关出名将，2 000多年来，李牧、李广、薛仁贵、郭子仪、杨家将，名将辈出、光耀青史。关外的广武汉墓埋葬着守关勇士的烈烈忠魂，关内的杨忠武祠、六郎祠、七郎墓、赵武灵王庙、李牧祠、将军庙彰显着历代将帅的丰功伟绩。

雁门关再次是一个国际通商口岸。特殊的区位地理使雁门关不同时期扮演着不同的角色，战争时"黑云压城城欲摧，甲光向日金鳞开"和平时"商埠经济多门路，财源如水流代州"，成为塞内塞外互通有无、边贸互市的重要口岸。在电视连续剧《乔家大院》中，我们看到，明清晋商经雁门古道成就了大业，一代代晋商跨过雁门关，踏上了走西口的征程，打通了南起武夷山，北至恰克图，连通欧亚两大洲的国际商道，创造了举世为之震惊的财富神话。

雁门关更像是一座民族团结的丰碑。雁门关牵系着塞内外每一位中华儿女的情感。"愿与君离别，乃至雁门关。黄云蔽千里，游子何时还？"汉代大科学家、文学家张衡也动情吟唱："我所思兮在雁门，欲往从之雪纷纷。侧身北望泪沾巾。"《天龙八部》中，大侠萧峰把"雁门关外骑马打猎"当作自己的一大心愿，而他的最终归宿也是阻止辽军入侵后自尽于雁门关。雁门关隔开了农耕和游牧，隔开了塞内和塞外。那条穿越雁门的千年古道，除了是一条狼烟滚滚的铁血战道，还是昭君出塞之路，文姬归汉之路，是明清晋商汇通欧亚之路，蒙藏人民朝圣五台山之路。中华民族在破关南下与越关反攻、并关互市与闭关自守、出关和亲与入关朝圣的抑扬消长中，交融、团结、统一、壮大。

各位游客，雄关漫道真如铁，我们已经一起走过了这经历了几千年金戈铁马的绝塞名关。希望通过我的介绍，能使大家对雁门关有一个深刻而美好的印象，也欢迎大家以后有机会再游雁门关，谢谢大家！

【讲解情景模拟实训】

中国十大名关

一、实训目标

（1）通过模拟讲解训练，熟知雁门关的概况、历史沿革及名将传奇。

（2）熟知雁门关主要看点，完成导游词编创。

（3）结合基本讲解方法，通过教师示范，掌握具体讲解方法，并通过分组和角色扮演模拟讲解实训，亲身感受讲解过程，体会讲解导游词的感受。

二、实训步骤

（1）教师介绍常用的几种导游讲解方法并进行示范性讲解。

（2）学生分组模拟多种旅游团（如商务团、学生研学团、老年团等），每人依次进行导游讲解练习。

（3）每个学生按照参加全国导游口试标准，讲解8分钟导游词，4分钟专题，小组成员扮演游客予以配合。

（4）填写实训报告，回答相关问题。

三、问题思考

（1）请在5分钟内即兴讲述雁门关的历史沿革及名将传奇。

（2）请简述雁门关的概况。

（3）请简述雁门关的军事防御体系。

【技能拓展与延伸】

（1）雁门关不仅是一座军事要塞，也是一处文化名胜。雁门关的历史上涌现了许多名将和英雄，他们的事迹和传说成为中华文化的宝贵财富。雁门关也是许多文人墨客的游览之地，他们在这里留下了许多诗词和碑刻，赞美了雁门关的壮丽景色和悠久历史。有哪些关于雁门关的诗词？请查阅相关资料，写出你的答案。

（2）根据所学知识与技能，分组进行合作探究活动，围绕雁门关的其他人文景点进行导游词创新编写，挖掘旅游资源，进行导游解说，然后拍摄成视频资料，在班级群内（或专业网站）进行互动交流，展示其发展美、人文美、和谐美。

任务八 佛光寺模拟讲解词实训

【学习目标】

1. 素养目标

（1）深入了解佛光寺所承载的丰富文化内涵，追溯其背后的中华文化渊源，从而激发文化自信与对职业的热爱。

（2）增强文物保护意识，倡导文明旅游，成为文化与文明的传承者。

（3）树立职业精神和工匠精神，不断追求卓越，勇于创新。

（4）增强民族自豪感，坚定文化自信，厚植家国情怀，热爱家乡，讲好家乡的故事。

2. 知识目标

（1）了解佛光寺的发现历程。

（2）熟悉佛光寺的整体布局及其文化价值。

（3）掌握佛光寺东大殿的外观建筑特点和内景"佛光四绝"。

（4）通过模拟实践，学习佛光寺景区导游的讲解服务技巧，以及导游词的创作方法。

3. 能力目标

（1）能够运用准确的语言对佛光寺景区的常规景点进行讲解。

（2）能够阐述佛光寺被梁思成先生誉为"国内古建筑之第一瑰宝"的文化内涵。

（3）提升景区导游服务能力和导游词撰写技巧。

【引言】

中国古代建筑大多为木结构，因其极易失火被焚，故唐代以前的木结构建筑已荡然无存，现存的以唐代木构建筑最古。目前国内现存的唐代木结构建筑有四座，分别是佛光寺东大殿（857年）、南禅寺大佛殿（782年）、芮城广仁王庙正殿（831年）、平顺天台庵弥陀殿（929年）。

有人说"不游佛光寺，妄上五台山"。说到佛光寺，我们不得不提到我国著名古建筑学家梁思成先生。20世纪30年代日本学者曾武断地说："中国人要想研究唐代的木构建筑，只有到日本的京都和奈良来。"这让梁思成先生感到耻辱和愤慨。因此他与妻子林徽因放弃了美国优厚的条件，回到了动荡不安的祖国。经历了千辛万苦终于在一本由法国探险家伯希和编撰的《敦煌石窟》第61窟"五台山全图"中发现了一座类似唐代建筑的宝塔，后经查证终于发现了佛光寺（图 8-1）。佛光寺始建于 1 500 多年前的北魏孝文帝年间，据说孝文帝朝拜五台山返回的途中路经此地见到佛光，因此建寺纪念并赐名佛光寺。

图 8-1　佛光寺（1）

知识点 1　佛光寺的发现过程

时间：1937 年 6 月。

人物：梁思成——著名的中国古建筑学家。

过程：由于中国人向来"重文史，轻技艺"，没有对中国古建筑做过系统的调研，以致外国人普遍认为中国大地上已经不存在唐代的木结构建筑。日本学者说："中国人，要研究唐代木结构建筑，只有到日本的奈良和京都来！"这让中国古建筑学家梁思成感到耻辱和愤慨。

梁思成与妻子林徽因放弃了美国的优厚待遇与生活条件，回到动乱不安的祖国，从 1932 年起在中国大地上到处寻找、调查、研究遗存的古建筑，大同华严寺、善化寺、应县木塔、太原晋祠圣母殿这些经典的木结构建筑先后被发现，但唯独没有发现唐代的建筑。

一次偶然的机会，梁思成游览敦煌莫高窟，在那里发现了一幅五台山图，图中一座从来没有见过的宝塔引起他的注意。他马上查找《清凉山志》，从中知道了佛光寺不在五台山寺庙群中心区，当他们历经崎岖的山路来到豆村，找到了与画上一模一样的北魏祖师塔时激动异常，他抹去梁上的尘土，看到大唐二字时，激动到失声痛哭。

梁思成后来说："一向所抱着的国内殿宇必有唐构的信念，一旦在此得到一个实证了。"

知识点2 探索佛光寺的历史、建筑与文化价值

一、时间

佛光寺建于北魏孝文帝年间（471—499年），现存建筑为唐宣宗年间（857年）重新修葺。北魏孝文帝朝拜五台山返回平城途中，路过这里，见到佛光，因此建寺庙纪念，并赐额"佛光寺"。佛光寺匾额如图8-2所示。

图8-2 佛光寺匾额

二、佛光

太阳在观赏者身后，将人影投射到观赏者面前的云彩之上，如同七彩光环，而人影在光环当中，而且人影随着人而动，变幻之奇，出人意外。佛经中说，佛光是释迦牟尼眉宇间放射出的光芒。

三、布局

（1）佛光寺面积3.4万平方米。坐东向西，寺院的北、东、南、三面环山，西面面临开阔的泗阳河谷地。

（2）全寺整体建筑为全国现有寺院中独一无二的十字交叉轴线。"十字"的四端曾经各建一座主要建筑，使两条轴线相对平衡。现留的有东西向中轴线上东端的东大殿，西端的清代山门，南北向中轴线的南端文殊殿，北侧的普贤殿在清代一场火灾中被毁。

四、价值

图8-3　佛光寺

1961年，佛光寺被国务院公布为全国木结构古建筑的第一号重点文物保护单位（图8-3），被公认为是中国木结构古建筑的第一瑰宝，梁思成先生称它为"中国第一国宝"。

（1）东大殿是我国现存最大、最重要的唐代木结构建筑。

中国古代建筑大多数为木结构，因其极易失火被焚，故唐代以前的木结构建筑已荡然无存，目前国内现存的唐代木结构建筑有4座，都在山西，因此山西被称为"古建筑博物馆"。

（2）我国现有80尊唐代彩塑，东大殿占有35尊。佛光寺的唐代"四绝"：东大殿、彩塑、壁画、题字。

（3）佛光寺有我国仅有的两座北魏古塔之一的祖师塔，另外一座是郑州登封市的嵩山嵩觉寺塔。祖师塔位于东大殿的东侧，是一座六角形两层砖塔，它就是梁思成在"五台山全图"中发现的那座宝塔。

佛光寺有我国古建筑中减柱法运用最成功、最彻底的范例——文殊殿。它建于金天会十五年（1137年），是我国佛光寺中最大的配殿。面宽七间、进深四间的大型建筑里面，仅仅用了4根内柱，是我国古建筑中减柱法运用最成功、最彻底的范例。

知识点3　揭秘佛光寺东大殿的"四绝"

图8-4　佛光寺的正殿

佛光寺的正殿（图8-4），在全寺最后的一重院落，由女弟子宁公遇施资，愿诚和尚主持修建。外观是唐代保存至今唯一的一座宫廷式建筑，完全体现了大唐建筑的精髓，"台基低矮、斗拱雄大、出檐深远"。

东大殿为单檐庑殿顶，面阔七间，进深四间，建于唐大中九至十年，至今未大修，仍保持唐代风貌。大殿外涂朱红，不施彩绘，殿身设檐柱和内柱各一周，将宏大舒展的殿顶托起。在庞大肥硕的斗拱支撑下，屋顶出檐深远，是典型的唐代建筑风格，是研究唐代建筑的重要实物。这些斗拱又四层叠加挑出，使屋檐伸出墙体外4米之远，整座斗拱的高度达2米，几乎与柱子一般高。这些斗拱是我国现有木结构古建筑中层数最多、最硕壮的斗拱，承托出中国古建筑中最为深远的出檐。东大殿庞大屋顶的重量就是通过拱传导到斗，再由斗传导到立柱。这样不仅可以支撑屋顶的重量，同时，还使屋檐层层挑出，形成宽大的出檐。虽然这些斗拱像承受了千年的委屈一般，交错折叠在宽大深远的屋檐下，而正是这种稳健牢固的姿态，支撑着佛光寺千年的骨骼和历史。

走进殿内，35 尊平均 5 米多高的彩塑立于佛龛之上，构成了我国独一无二的唐代大型雕塑群，集中体现了唐代造型艺术的雍容华贵（图 8-5）。佛坛正中的 3 尊主像反映了唐代弥勒信仰的流行，中间是释迦牟尼，右侧是弥勒佛，左侧是阿弥陀佛。佛坛左侧这尊金刚的脚下有一尊面庞丰满、慈祥端庄约 40 岁的女性塑像，她就是重修东大殿的宁公遇夫人。比起愿诚法师的塑像，她显得更加雍容华贵。接下来，把目光转移到美轮美奂的菩萨身上，她们亭亭玉立、婀娜多姿、丰腴富态、嘴角流露着神秘的微笑，穿着唐代流行的"袒胸装"，举手投足、一颦一笑之间，洋溢着灵动的生命气息。这是唐代中叶菩萨塑像的特性，与甘肃敦煌的塑像如出一辙。

图 8-5 佛光寺的彩塑

拱眼壁上的飞天，虽然只有 60 平方米，却弥足珍贵，和敦煌的唐代飞天出于同期，优美丰腴，超然洒脱，彰显着极度的从容自信。

大殿前槽四根大梁下的唐人题字，不但为东大殿的建筑年代提供了有力的证据，还兼有欧阳询和虞世南的风格，是不可多得的唐人墨宝。

梁思成先生曾将东大殿的建筑、彩塑、壁画、题字誉为"四绝"。东大殿是最能代表中国人心目当中大唐气象的一座建筑，是当之无愧的"第一国宝"！

【导游词范文赏析】

范文1 千年守候——我想，你在

亲爱的游客朋友们，大家好！文化存千古，佛光耀八方！在日本古都奈良，立有一尊梁思成先生的铜像，以纪念他在第二次世界大战期间奔走斡旋，终以一己之力令美军修改了日本全境轰炸计划，在危急关头拯救了京都和奈良，保护了那里珍贵的一脉唐风文化遗存。

讲到这里，大家或许要问是什么让梁思成先生暂放国恨家仇，克制心中愤懑，以德报怨地维护了这两座城呢？接下来就请大家随我一起走进五台山佛光寺，共同去寻找答案。

唐风东渡犹存，故国回首无踪。20 世纪 30 年代，在中华大地上寻得唐代木构建筑，为华夏文化传承有序正名，一直是萦绕在梁林二位先生心头的大事，念念不忘，必有回响。两位先生穿过连天的炮火，走过漫山的荆棘，终于在山西五台山寻得了这座静待千年的唐代巨构佛光寺东大殿。

佛光寺占地 3.4 万平方米，依山而建，整体布局为十字交叉轴线。其主体建筑坐东朝西，渐次展开，主次分明，层层叠高，尽显大唐遗风。穿过门洞，踏上高台，大家看到的便是大气辉煌的东大殿（图 8-6）。大殿台阶脚踏实地、平和稳重；殿身个性张扬、雄壮有力；殿顶舒缓宽广、出檐深远、斗拱雄健。

说起斗拱，它是唐代建筑与其他朝代建筑的最大区别。唐代斗拱粗大硕壮，也就使得建筑庄重沉稳，大气磅礴。大家请看，东大殿的这组斗拱是中国现存单组层数最多、最硕壮的斗拱。大殿庞大屋顶的重量就是通过拱传导到斗，再由斗传导到立柱，这样不仅可以支撑屋顶的重量，还使屋檐层层挑出，形成宽大的出檐。斗拱交错折叠在宽大深远的屋檐下，以稳健牢固的姿态，支撑着佛光寺千年的骨骼和历史。此时此刻，大家是否和我一样，终于理解了梁先生能够放下国恨家仇、全力保护唐风文化遗存的原因所在？

图 8-6　东大殿

现在，请大家随我走进殿内，35 尊平均 5 米多高的彩塑立于佛龛之上，构成了我国独一无二的唐代大型雕塑群，集中体现了唐代造型艺术的雍容华贵。拱眼壁上的飞天，优美丰腴，超然洒脱，虽然只有 60 平方米，却弥足珍贵。大殿前槽这四根大梁下的唐人题字，也为东大殿的建筑年代提供了有力的证据。梁思成先生曾将东大殿的建筑、彩塑、壁画、题字誉为"四绝"。东大殿是最能代表中国人心目当中大唐气象的一座建筑，是当之无愧的"第一国宝"！

从第二次世界大战的炮火中，梁思成先生以博大胸襟保护了日本古城京都、奈良，到如今的和平年代，我们应联合更多国家一起守护人类文化遗产。这不正说明了建筑绝不是某一民族的，而是全人类文明的结晶。佛光寺就像一道光，照亮了我们辉煌的历史文化之路，更为我们照亮了守护中华传统、赓续中华文明的大道！

游客朋友们，再见！

范文2　国之瑰宝——亚洲佛光天下绝

有这样一座木构建筑，隐藏在佛教名山——五台山的台外，以其内敛、恢宏的守候，推翻了日本学者"中国人想要研究唐代的木构建筑只有到京都和奈良"来的狂悖之词。它就是我国现存的唯一唐代宫廷式木构建筑——佛光寺东大殿。

那是 1937 年 6 月的一个傍晚，梁思成和林徽因两位先生辗转来到佛光寺，推开尘封已久的大门，那一缕来自盛唐的余晖，均匀地洒落在殿堂之上，一代建筑学人所抱着的"国内殿宇必有唐构的信念"终得以印证。 从此佛光寺成为亚洲土地上最震动人心的文物史迹，从那时到现在虽已过去了近百年，它依然是所有建筑学者心中的"圣殿"。

佛光寺占地 3.4 万平方米，依山而建、坐东朝西、古木参天、一派幽静祥和的佛国氛围。整体布局为独一无二的十字交叉轴线，主要建筑集中于高低层叠、左右对称的三个庭院之内。寺院殿宇巍峨、疏朗开阔，体现了开放、包容、质朴、大气的盛唐景象。全寺建筑文物纵跨 9 个朝代，被梁思成先生称赞为我国古建筑第一瑰宝。

穿过门洞，沿着陡峭的台阶踏上高台，巍然屹立的东大殿突然闯入视线。您看，这座大殿台阶脚踏实地、平和稳重；殿身个性张扬、气势恢宏；殿顶舒缓宽广、出檐深远、斗拱雄健，唐代建筑与其他朝代建筑相比，最大的区别在于斗拱。大家请看，这组斗拱是中国现存单组层数最多、最硕壮的斗拱。东大殿庞大屋顶的重量就是通过拱传导到斗，再由斗传导到立柱，这样不仅可以支撑屋顶的重量，还使屋檐层层挑出，形成宽大的出檐，呈现出大鹏展翅欲飞的意象。您再看，唐代斗拱粗大硕壮，也就使得建筑庄重沉稳，大气磅礴。整座东大殿看上去沉稳而不失活泼灵动，庄重而不失轻灵舒展，这正是大唐时代特点的完美体现。

请大家随我走进殿内，大佛坛上全是高大的唐代塑像，共 35 尊，构成了我国独一无二的唐代大型雕塑群，集中体现了唐代造型艺术的雍容华贵。接下来，让我们把目光转移到这些美轮美奂的菩萨身上，她们亭亭玉立、婀娜多姿、丰腴富态、嘴角流露着神秘的微笑，穿着唐代流行的"祖胸装"，举手投足、一颦一笑之间，洋溢着灵动的生命气息。这是唐代中叶菩萨塑像的特性，与甘肃敦煌的塑像如出一辙。

大殿四周墙壁上的唐代壁画，虽然只有 60 平方米，却弥足珍贵。画面内容丰富，人物形象逼真，衣纹流畅，具有十足的唐风古韵。

梁思成曾将东大殿的建筑、彩塑、壁画、题字誉为"四绝"。东大殿是最能代表中国人心目当中大唐气象的一座建筑，是当之无愧的"第一国宝"！

一千年前，钟磬声越过重重院墙，响彻佛光山峦；八十八年前，梁思成、林徽因两位先生注视满殿奇珍，内心充满喜悦；今天，我想告诉两位先生，我们这些后辈会好好珍惜这座千年珍宝，让它安然度过下一个千年。这就是我们的亚洲佛光千年之旅。朋友们，再会！

【讲解情景模拟实训】

走近"中国第一国宝"
佛光寺，你会看到什么

一、实训目标

（1）通过模拟讲解训练，了解佛光寺的布局及历史文化内涵。

（2）熟知佛光寺景区讲解要点，完成导游词创编。

（3）结合基本讲解方法，通过教师示范，掌握具体讲解方法，并通过分组和角色扮演进行讲解实训，亲身感受讲解过程，体会讲解导游词的技巧。

二、实训步骤

（1）教师介绍常用的几种导游讲解方法并进行示范性讲解。

（2）学生分组模拟多种旅游团（如商务团、学生研学团、老年团等），每人依次进行导游讲解练习。

（3）每个学生按照参加全国导游口试标准，讲解 8 分钟导游词，4 分钟专题，小组成员扮演游客予以配合。

（4）填写实训报告，回答相关问题。

三、问题思考

（1）请简述佛光寺被发现的过程。

（2）请简述佛光寺的历史文化价值及文化内涵。

【技能拓展与延伸】

（1）查阅山西省现存的另外三座唐代木结构建筑的详细资料。

（2）请制作一份关于古建筑的 PPT 演示文稿，展示自己对中国古建筑的研究成果。演示文稿应包括古建筑的地理位置、历史背景、建筑特色、文化内涵等方面的内容。同时，可以配以实地考察的照片或视频，以增强演示的真实感和说服力。

任务九 显通寺模拟讲解词实训

【学习目标】

1. 素养目标

（1）提升讲解的精准性与专业性，确保准确传达景点的历史文化信息，提升讲解的专业性和吸引力。

（2）树立诚信服务观念，诚信是导游职业的核心价值观，要在模拟讲解中展现真实、可靠的信息。

（3）提升文化保护意识，认识到保护文化遗产的重要性，积极参与文化传承与保护工作。

2. 知识目标

（1）熟知显通寺概况，如位置、修建时间、规模布局、历史演变、宗教地位。

（2）掌握显通寺的规模、历史地位、佛殿及其佛教理念的讲解内容。

（3）熟知五台山概况、建造佛寺历史、在佛教界的地位。

3. 能力目标

（1）能够运用恰当的语言对显通寺景区进行分析和描述，把握这座建筑的魅力与文化积淀。

（2）培养撰写导游词的能力和技巧。

（3）养成日常积累、善于辨别、勤于思考的习惯，努力提高导游词编创水平。

【引言】

五台山的美，是神奇传说和诗情画意交织的美。这里每尊塑像、每件文物，几乎都有一段动人的传奇故事，一山一水也都洋溢着美妙的诗情画意。所以到五台山来，就像是在诗和神话的交织中漫游。元好问用"山云吞吐翠微中，淡绿深青一万重。此景只应天上有，岂知身在妙高峰"的诗句来赞美五台山。

知识点 1　开山祖庭灵鹫寺

一、背景介绍

　　显通寺，位于台怀镇寺庙群中，它的前身是"大孚灵鹫寺"。据《清凉山志》记载：印度高僧摄摩腾和竺法兰，在东汉永平年间（68年）来到五台山，他们在这里修建了寺庙，取名为"大孚灵鹫寺"，也就是今天的显通寺。显通寺距今已经有近两千年的历史了。在两千年的风风雨雨中，显通寺几经修整重建。北魏扩建显通寺时，设置了十二院并设有专门的塔院，结构比较松散，体现了宋元以前寺院以佛塔和钟楼为主建筑，布局较为随意自然的风格。现在的显通寺，即以前十二院中的善住院，是明清时期的建筑和格局。寺内古树参天，香烟缭绕，占地4.37万平方米，有房屋殿宇400多间，中轴线上的7座大殿，或雄伟庄严，或精巧玲珑，相互辉映。东西廊房对称配合，总体色彩明丽典雅，带有宫廷建筑的特点，体现了明清时期寺院布局严谨、富丽庄严的风格，是明清时期庙宇建筑的典型。

二、概况

　　这座幽幽古刹是目前五台山规模最大、历史最悠久的寺院，是五台山五大禅处、十大青庙之一。明永乐三年（1405年）在此设"都纲司"，使它成为五台山青庙的首领庙。历史上，文人墨客在这里留下了许多著名诗句，如"五月行踪入大孚，万松如剪雪平铺……炉烟经卷停云阁，不信人间有画图"等。国务院在1982年将显通寺列为国家级重点文物保护单位。

三、钟楼

　　这是五台山最大的，也是最中心的一个明代钟楼。两层三檐十字脊过街钟楼，下为砖石结构，上层为木构建筑，承十字顶，脊顶四端有四个雕刻精巧的龙头。内置一口重达9 999.5斤的明代大铜钟（因要避讳"万岁"的"万"字，据说实际只有9 999.5斤。钟口边缘呈波浪形，颜色呈暗褐色，敲钟时发出深沉圆润、浑厚洪亮的声音，顺风时可传十多里），铸于明正统五年（1440年），高2.64米，最大外径1.8米，厚10厘米，也是五台山最大的一口铜钟，又名"幽冥钟"。

　　在没有现代先进科学技术的古代，要铸造这样一口巨钟，实在不是一件容易的事情。铸造时，匠人采用我国历史上铸造技术要求较高的传统技艺——无模铸造，即"泥型法"。巨钟的铸造，充分反映了我国古代劳动人民的高度智慧和创造才能。

四、一般寺院的布局

寺院第一座大殿一般为天王殿，供四大天王以守护寺院，为什么显通寺第一座大殿不是天王殿呢？

明代以前，现在的显通寺和前面的塔院寺原本是一座寺庙，天王殿在最前面，明成祖永乐五年（1407年），分为现在的塔院寺和显通寺两座庙宇，显通寺就没有天王殿了。但一个寺庙又不能没有守护神，于是在门两侧立了两块石碑（图9-1），一边写"龙"，另一边写"虎"，用"龙""虎"代替四大天王守护寺院，名为"有龙虎把门，不用劳驾四大天王"。

图9-1　显通寺的两块石碑

知识点2　炉烟经卷绕显通

显通寺是五台山的开山祖寺，是五台山建寺最早、占地面积最大的一座汉传佛教寺庙（青庙）。在这里可以探寻五台山佛教文化的传承，它是五台山佛教发展史的缩影。历史上驻锡过天台、法相、三论、华严、唯识、净土、禅、密等汉传佛教八大宗派以及藏传佛教的高僧，而且延续着一个全国独一无二的宗派——摩兰宗（摄摩腾、竺法兰两位高僧创立的宗派）。现在，寺院的布局、建筑、塑像等方面，无不体现华严宗对整个寺院深远的影响。

跨过高高的门槛，映入眼帘的是寺院中轴线上由南及北依次排开的七重大殿：观音殿、大文殊殿、大雄宝殿、无梁殿、铜殿、千钵文殊殿和后高殿。

一、观音殿

中轴线上第一座大殿叫观音殿，因在最南端，所以又叫南殿。

殿内供奉观世音、文殊、普贤三大士，观音居中，殿两侧是护法天神。到过普陀山的游客都知道，那里最早的寺院叫不肯去观音院，何以名为不肯去？原来观音菩萨的老家就在五台山。值得一提的是，这座大殿还是寺院放置经书的地方。一般寺院存放经书的地方叫作"藏经阁"或者"藏经楼"，而这个寺院有两座放置经书的大殿，最前面的观音殿供奉着明朝正德年间的《大藏经》，最后面的后高殿专供本寺的开山圣典、大乘佛教的第一圣典《大方广佛华严经》。正所谓"经阁前后盖"，这也是本寺的一大特色。

二、无字碑

整个寺院依于灵鹫峰之下，可以看到灵鹫峰最高的地方，就是有"龙头寺院"之称的菩萨顶。它是皇帝的行宫，也是五台山最大的黄庙（藏传佛教寺院）。之所以称它为"龙头寺院"，是因为寺院的木牌楼酷似仰天欲飞的真龙。据说，当年康熙皇帝朝拜五台山时，这两个碑亭之下的两眼水井，给灵鹫峰龙脉增添了灵动之气，后来为镇住龙脉，康熙皇帝就下令将两眼水井填平，建了碑亭，立了两通碑。东边的碑上写有 280 个字的碑记，名《御制五台山显通寺碑》。西边的那通，便是五台山独一无二的"无字碑"，不着一字，尽得风流！

三、大文殊殿

第二重大殿是大文殊殿。这重大殿是全山供奉文殊菩萨最多的一重大殿，总共 7 尊。佛坛正中供奉着文殊菩萨的法身像大智文殊菩萨，她的坐骑叫"狻猊"，也叫"绿毛狮子"，是龙跟狮子的子嗣。两边供奉着五方文殊，分别是东台聪明文殊、南台智慧文殊、北台无垢文殊、中台儒童文殊、西台狮子吼文殊。在五台山，前往五座台顶朝拜五方文殊，叫作"大朝台"；前往黛螺顶朝拜五方文殊，叫"小朝台"；在这里拜到五方文殊，就叫"方便朝台"。

四、三大特色殿

显通寺有三大特色殿，分别是全木结构的大雄宝殿、全砖结构的无梁殿、全铜结构的铜殿。

（一）大雄宝殿

我们眼前这座雄伟壮丽的大殿就是显通寺的主殿，也是本寺的第一重特色殿"全木结构"的建筑，重建于清光绪二十五年（1899 年），充分体现了中国古代全木结构大殿的显著特点：大屋顶、高台阶、承重柱、挡风墙。而重檐庑殿顶、高台阶、殿前围廊，又都体现了大殿的最高等级，同时起到了通风、防潮的作用。大屋顶和里里外外的柱子，让整个大殿的内部空间特别宽大，为殿内塑像留出了充足的空间，使佛像越发庄严殊胜。"墙倒屋不塌"是中国传统木构架建筑的特点，柱子承托着整个大殿屋顶的重量，墙壁只是起到防风御寒和隔离空间的作用，所以叫"挡风墙"。

殿内佛坛供有横三世佛：正中娑婆世界的教主——释迦尼佛，东方净琉璃世界的教主——消灾延寿药师佛，西方极乐世界的教主——阿弥陀佛。

（二）无梁殿

这座通体洁白、体量庞大的建筑就是第二重特色殿，全砖结构的"无梁殿"（图9-2）。整座建筑无柱无梁，通高20.3米，面宽28.2米，进深16.2米，建于明万历年间。这是一座中西文化结合的特色大殿。从外观上看，我们可以看到许多中国古代木结构建筑当中特有的元素：屋顶为重檐歇山顶，砖石仿木的斗拱、垂花柱、柱础和柱子。

无梁殿也叫"无量殿"，取佛法无量无边之意。它还有一个寓意深刻的名字——七处九会殿，释迦牟尼成佛以后，讲经说法45年，先后在七个道场九次开讲《华严经》，从它的设计来看，处处体现着华严宗的特色。大殿通体洁白，清净纯洁，屋檐下的这些斗拱就好似朵朵莲花，寓意"华藏世界"。

图9-2　无梁殿

（三）铜殿

"显通，显通，十万铜"，铜殿是明万历年间由四大高僧之一的妙峰祖师亲自设计修建。大殿暗合了一个"万"字，是从当时全国13个"一万户人家"当中化缘而来的"十方斤铜"铸造而成的。万历皇帝的母亲李娘娘之所以修建铜殿，是为了"祈子平顺"，而万历皇帝则是为母亲祈福"万寿无疆"而修建铜殿。殿内墙壁及梁架上铸有"一万尊"释迦牟尼小佛像，这座大殿确实是一座名副其实的万佛殿。这座铜殿重檐歇山顶，高约5米，面宽4.7米，进深4.2米，外观两层，总共有56个隔扇（上面四周有24个，下面32个），雕铸着很多吉祥图案，丹凤朝阳、二龙戏珠、喜鹊登梅、鹿鹤同春……

五、千钵文殊殿

千钵文殊殿内供有一尊独特造型的文殊菩萨塑像——五头十三面千手千钵千释迦文殊像，高5.4米，是明万历年间的作品。五头，象征文殊菩萨的五智。一千只手，一千个僧人，一千只钵，一千尊释迦牟尼佛。这是一尊典型的密宗造像，象征着文殊菩萨无量的智慧和无边的法力，是明代铜铸艺术中不可多得的精品。

六、五座铜塔

五座铜塔隐喻着五座台顶、五方文殊、五方佛和文殊五智。从东向西分别是：成所作智塔（北台）、大圆镜智塔（东台）、法界体性智塔（中台）、平等性智塔（南台）、妙观察智塔（西台）。东西两边的塔建于明万历三十八年（1610年），至今已有400多年的历史。中间的三座铜塔，在抗日战争时期被毁，在1989—1993年陆续重新铸造。

东边这座塔高6.3米，是五座铜塔中最高的一座，代表着海拔最高的北台；西边这座塔高5.33米，代表西台，最为独特的是，它的塔座上有一座五台山独一无二的土地庙，也是迄今为止最小的一座土地庙，只有拇指大小，可想而知，里面的土地爷究竟有多大。尽管土地爷身材很小，但他却是康熙皇帝御封的土地爷。当年康熙皇帝一句玩笑话："好大的土地！"却成就了五台山十景之一——山西大土地，留下了一段美谈。1985年，这座铜塔的塔身与塔座之间出现了裂缝，在对其进行翻修时，发现了尘封400多年的《大厅佛华严经》，总共81本，61万多字，字迹工整清丽、庄重大方，从明万历十八年（1590年）至三十四年（1606年）的16年间，由30多人出资、书写而成。整部经蓝底金字、金光闪闪、完好无损，是研究华严宗的重要经典，具有极高的历史文物价值。

铜殿、铜塔原本全是青铜色泽，现在所看到的是2000年，寺院僧众募集168万元，用25斤黄金，重新贴金之后的样子，金光闪闪、熠熠生辉！

七、后高殿

后高殿，寺院的最后一重大殿，也叫"藏经殿"，殿外匾额上写着"法界华严"四个大字，是寺院放置经书《华严经》的地方，里面供奉着"甘露文殊"和密宗当中的八大论师。

八、文化内涵

显通寺，是五台山佛教发展史的缩影，满满一部华严史，承载了自唐朝以来《华严经》对五台山佛教的影响，也记录了中国古代匠师们独具匠心的设计和修建。它展现给我们的不仅仅是厚重的历史、深远的文化、精美的塑像、独特的建筑，更是佛教本身教给我们每一个人的哲理。在这一方圣土，我们朝拜的不仅是古寺，更是对内心的叩问。它启示我们思索人生，以慈悲和智慧为引，探寻生命的本真，这便是朝拜五台山的深远意义。

【导游词范文赏析】

范文1　开山祖庭灵鹫寺

亲爱的各位游客朋友们，大家好！欢迎您来到山西旅游，我是您本次行程的导游。今天我要带领您参观的是五台山上的开山祖寺——显通寺。东汉时期，汉明帝夜梦金人从西方前来，第二天便派人去西方接迎，恰巧碰到从西域前来讲经说法的二位高僧竺法兰和摄摩腾，便请回洛阳修建了中国第一座寺院——白马寺。白马寺建成一年后又建起了我们今天要参观的显通寺。那么现在就请大家随我一起来到这里开始我们的游览。

显通寺有"四大怪"。第一怪是：钟楼建在外。一般寺院的钟楼都建在寺内，而这座钟楼却偏偏盖在外面。钟楼（图9-3）地处台怀镇寺庙群的核心位置，不仅肩负着号令全山的作用，也成了显通寺坐镇台怀、领袖全山的醒目标志。门洞上"震悟大千"四个大字就反映了这种庄严恢宏的气势。钟楼内悬挂有五台山最大最重的一口铜钟，叫"幽冥钟"，铸于明万历年间，重达9 999.5斤。那大家肯定会问，为什么不是一万斤呢？那是因为，当时为了避讳明万历的万字所以就少铸造半斤。

图9-3　钟楼

走过钟楼来到山门，我们便看到了显通寺的第二怪：山门斜着开。以往的寺庙的山门全是坐北朝南开，但是显通寺的山门则是向东南方向斜着开。这又是为什么呢？其实是因为当时明万历皇帝下令把显通寺的塔院分离扩建成塔院寺。由于塔院位置靠前，显通寺原来的牌楼、山门、钟鼓楼都归了塔院寺。所以显通寺只好另辟道路重开山门，但塔院寺和显通寺之间狭窄的空间实在容纳不下一座大寺应有的山门，于是只好选择东南这个比较吉利的方向重开山门。那么细心的游客可能已经发现了，这个山门为什么没有四大天王，而用了两块龙虎碑代替呢？这就叫作"有龙虎把门，不用劳驾四大天王"。其他的两大怪分别是"经阁前后盖，殿殿文殊在"。

穿过山门，这里分别排列着观音殿、大文殊殿、大雄宝殿、无梁殿、千钵文殊殿、铜殿和后高殿这七重大殿。走过大文殊殿我们现在来到了显通寺的三大特色殿之一的大雄宝殿，它是全寺的中心。五台山的大型佛事活动基本上都在这里举行，这座大殿占地800多平方米，大殿前的这一副"五大洲雄立宇宙，越三界天出离世间"的对联是赞美释迦牟尼佛的。

走过大雄宝殿，来到的是三大特色殿之一的无梁殿，也称为"无量殿"。因为无梁的谐音是佛法无量的意思。首先，无梁殿为一个全砖结构的建筑，殿内没有一根梁柱。其次，无梁殿又称"七处九会殿"，取释迦牟尼成佛之后，先后在7个地方9次讲经说法之意。殿内供奉的主佛像是报身佛卢舍那佛，这也体现了华严宗的特色。殿内至今还供奉着唐代华严宗十祖澄观国师的塑像。我们再来看一下大殿的结构，偌大的一座建筑，全部都用青砖垒砌而成，既无梁又无柱，真可谓名副其实啊！

走出无梁殿，大家看到的这个金碧辉煌的殿宇就是举世闻名的铜殿。它是明万历皇帝的母亲李娘娘的师傅、明代著名的佛教建筑大师、被称为"佛门鲁班"的妙峰法师的杰作，他走遍全国十余省，化缘纯铜十万斤铸造而成，因此民间有"显通、显通，十万铜"的说法。铜殿正中供奉的是骑狮文殊菩萨像，上面布满了一万尊小佛像，形成了万佛朝文殊的景象。五台山被称作"金色世界"，这座铜像正是五台山金色世界的一个缩影和写照。

在显通寺，你所看到的、感受到的，依然是一部延续了2 000年并且仍在延续的五台山佛教史，这正是显通寺的价值和魅力所在。

范文2 炉烟经卷绕显通

各位游客朋友，大家好！欢迎大家来到显通寺参观游览。我是此次显通寺之行的导游，很荣幸陪同大家一起参观游览，下面将由我来为大家讲解显通寺。

我们将要参观游览的显通寺，位于台怀镇寺庙群，它的前身是"大孚灵鹫寺"，最早建于东汉永平年间，距今已经有近两千年的历史了。在两千年的风风雨雨中，显通寺几经修整重建。北魏扩建显通寺时，设置了十二院，并设有专门的塔院，结构比较松散，体现了宋元以前寺院以佛塔和钟楼为主建筑，布局较为随意自然的风格，现在的显通寺，即以前十二院中的善住院，是明清时的建筑和格局。寺内古树参天，香烟缭绕，占地4.37万平方米，有房屋殿宇400多间。中轴线上7座大殿，或雄伟庄严，或精巧玲珑，相互辉映。东西廊房对称配合，总体色彩华丽典雅，带有宫廷建筑的特点，体现了明清时寺院布局严谨、富丽庄重的风格，是明清时庙宇建筑的典型。

前面这座高大的建筑就是显通寺钟楼，它建于明代，是显通寺较早的一处建筑。它的下层是一个石旋洞，是通往显通寺的要道。上层是高大的木结构钟楼，为两层三檐庑廊式结构，上承十字顶，脊顶四端有四个雕刻精巧的龙头。我们往上看，廊柱飞檐，交相辉映，十分壮观。从上面远眺，层层山峦，簇簇寺庙，历历在目，使人心胸开阔，大有"欲穷千里目，更上一层楼"的感觉。

细心的游客可能已经看到钟楼上"震悟大千"这四个字了，"大千"即"大千世界"，是佛教用语的"三千大千世界"的简称，指广阔无边的世界。"震悟大千"的意思是说佛法无边，在佛祖释迦牟尼的教化和感召下，整个大千世界都震悟觉醒了。

既然叫钟楼，那一定离不了钟，现在我们上楼去看五台山最大的一口铜钟。

这口钟叫"幽冥钟"，又叫"长命钟"，是明万历四十八年（1620年）铸造的，重达万斤，因要避讳"万岁"的"万"字，实际只有9 999.5斤。钟口边缘呈波浪形，颜色呈暗褐色，敲钟时发出深沉圆润、浑厚宏亮的声音，顺风可传十多里，余音达几分钟。

在没有现代先进技术的古代，要铸造这样的一口巨钟，实在不是一件容易的事情。铸造时，匠人采用我国历史上铸造技术要求最高的传统工艺——无模铸造，即"泥坑法"。巨钟的铸造，充分反映了我国古代劳动人民的高度智慧和创造才能。

显通寺的铜钟，不仅是古代铸造技术的代表作，而且赋予了它浓厚的佛教文化色彩，它不同于我国民间讲的"晨钟暮鼓"之钟。关于敲钟就很有讲究。大家都知道"做一天和尚撞一天钟"这句话，它已成为"得过且过"的代名词。因为在许多人看来，撞钟很简单，到了规定时辰敲几下就可混过一天，既不用动脑子，又不多花力气。这实际上是对佛门职事僧工作的误解。撞钟时，要撞出轻重缓急的节奏，钟声要抑扬顿挫，传的远还要回荡不息，要撞出具有五台山特色的钟声和佛教乐理的神秘。早晚两次撞钟，每次紧敲18下、慢敲18下，不紧不慢再敲18下，如此反复两遍，共108下，成为"百八钟"。撞钟时还要念固定的佛经。

大家也都知道张继的诗"姑苏城外寒山寺，夜半钟声到客船"，诗中寒山寺钟声之所以著名，不仅是因为夜半钟声，更在于必须在二十分钟内敲完一百零八下，而且最后一下，要敲在夜半十二点整，不能提前或推后一秒。可以想象，如此纯熟的撞钟功夫，是"冰冻三尺非一日之寒"。据说敲完钟的和尚都有"钟行汗步出钟楼，犹如卸下千斤担"之感。由此可见撞钟绝非易事，来不得半点虚假，就和我们做人一样，要实实在在。

此外，钟的外表刻有一部楷书佛经，共一万多字，字迹端正清晰，可惜我们现在看不到这些铸字了。大家看，这口钟的里里外外已被成千上万的纸条遮挡住了。为什么在钟上贴这么多纸条呢？有这样一种说法：有威望的和尚圆寂后，要把他的名字贴在钟上，然后把钟敲响，与钟长鸣，好像在通知西方极乐世界，又一位高僧往生极乐了。现在，人们为了求得佛祖保佑，也把自己或亲朋好友的名字贴在钟上，然后把钟敲响，不过贴名字还有个讲究，为死去的人祈求平安要贴在钟内，为活着的人祈求幸福要贴在钟外。如果您有兴趣尝试，可千万别贴错啊。

明代以前，现在的显通寺和前面的塔院寺原本是一座寺庙，天王殿在最前面，明成祖永乐五年（1407年），分为现在的塔院寺和显通寺两处庙宇，显通寺就没有天王殿了，但一个寺又不能没有守护神，于是在两侧立了两块石碑，大家看，一边是"龙"，另一边是"虎"，用"龙""虎"代替四大天王守护寺院，名为"有龙虎把门，不用劳驾四大天王"。

中轴线上第一座大殿叫观音殿，因在最南端，所以又叫南殿。旧时，寺院举行的赈济水陆生灵的水陆法会道场也设在这儿，故又称水陆殿。殿内供奉观世音、文殊、普贤三大士，观音居中，殿两侧是护法天神。五台山是文殊菩萨的道场，许多寺庙内都有专门的文殊殿，显通寺也是如此。前面这座大殿便是大文殊殿。

　　文殊殿前立有两块石碑，并建有碑亭。石碑高2米，宽不足1米。立于康熙四十六年，即公元1707年。大家请仔细看一看，这两座石碑有什么区别呢？立碑，总是为记述什么，可您仔细看过后会发现，西边这座是一块无字碑。大家都知道，西安乾陵武则天墓前有块著名的无字碑。有人说那正是武则天的聪明之处，自己的功过是非留给后人评说。那这里的无字碑又是为什么而立呢？原来啊，康熙皇帝来五台山朝山时，站在一进门的地方，发现菩萨顶像条龙，而大文殊殿前两个水池的反光正是龙眼。古代人们认为皇帝是真龙天子，天下只能有一个，而这儿又出现了一条龙，那还得了，于是，康熙一怒之下让人把大文殊殿前两个水池用石碑压住了。石碑立好后，庙内老僧请康熙写碑文，可康熙只写了一篇，便起驾还朝了。从此显通寺就留下了这块无字碑。

　　文殊殿，以供奉文殊为主。我们进殿看，正中这尊最大的塑像是大智文殊。文殊全称文殊师利菩萨，是佛祖释迦牟尼的左胁侍，他专司"智慧"，在四大菩萨中地位最高。他的坐骑是一只雄武的猛狮，代表勇猛和智慧。

　　文殊菩萨是智慧的象征，所以希望自己、亲朋好友或聪明的善男信女们顶礼膜拜，求文殊赐予智慧，不过拜文殊只是人们追求智慧的一种形式，要得到真正的智慧，还需靠自己努力，去求索、奋斗。关于显通寺的介绍就为大家讲到这里，现在大家可以自由参观，按照计划的时间回到这里，祝大家玩得愉快。

【讲解情景模拟实训】

一、实训目标

　　（1）通过模拟讲解训练，熟知五台山佛教的历史演变过程及宗教地位的意义。

　　（2）熟知显通寺的位置、修建时间、规模布局、历史演变、宗教地位，完成导游词创编。

　　（3）结合基本讲解方法，通过教师示范，掌握讲解方法，并通过分组和角色扮演进行讲解实训，亲身感受和体会讲解导游词的过程。

二、实训步骤

　　（1）教师介绍常用的几种导游讲解方法并进行示范性讲解。

　　（2）学生分组模拟多种旅游团（如商务团、学生研学团、老年团等），每人依次进行导游讲解练习。

（3）每个学生按照参加全国导游口试标准，讲解8分钟导游词，4分钟专题，小组成员扮演游客予以配合。

（4）填写实训报告，回答相关问题。

三、问题思考 》》

（1）请在5分钟内即兴讲述佛教的发展历史。

（2）请简述中国四大佛教名山。

（3）请简要说明显通寺的位置、修建时间、规模布局、历史演变、宗教地位等。

【技能拓展与延伸】

（1）五台山的美，是神奇传说和诗情画意交织的美。这里每尊塑像、每件文物，几乎都有一段动人的传奇故事，一山一水也都洋溢着美妙的诗情画意。所以到五台山来，就像是在诗和神话的交织中漫游。元好问用"山云吞吐翠微中，淡绿深青一万重。此景只应天上有，岂知身在妙高峰"的诗句赞美五台山。请你说出学习了显通寺之后，对于佛教文化和寺庙建筑的见解。

（2）根据所学知识与技能，分组进行合作探究活动，围绕五台山台怀镇的其他人文景点进行导游词创新编写，挖掘旅游资源，进行导游解说，然后拍摄成视频资料，在班级群内（或专业网站）进行互动交流，展示其发展美、人文美、和谐美。

任务十 晋祠模拟讲解词实训

【学习目标】

1. 素养目标

（1）通过学习晋祠的孝文化，从日常小事做起，培养百善孝为先的品质。

（2）保持对旅游行业动态的关注，不断学习新知识、新技能，提升自己的专业素养和服务能力，以更好地满足游客的需求和期望。

（3）增强民族自豪感，坚定文化自信，厚植家国情怀，热爱家乡，讲好家乡故事。

2. 知识目标

（1）熟知晋祠概况，如位置、修建时间、规模布局、历史演变、价值。

（2）掌握晋祠的规模，明确晋祠主轴线建筑物讲解内容。

（3）掌握晋祠三宝、三绝、三大名匾的相关知识。

3. 能力目标

（1）能够运用恰当的语言对晋祠景区进行分析和描述，能讲述中轴线部分建筑物的传说故事。

（2）培养景区导游服务及撰写导游词的能力和技巧。

（3）养成日常积累、善于辨别、勤于思考的习惯，努力提高导游词编创水平。

【引言】

太原古称"晋阳"，公元615年，李渊起兵太原，入主长安，定国号为"唐"，开中华文明之盛世。太原，三代京华，五朝陪都，九皇之始。探访这座古城的游客，仿佛在历史中漫步，在朝代间穿行。而来到太原必到的第一站，必须是晋祠。晋祠之美，可以有无数种解读方式……

知识点1 三晋之胜，以晋阳为最，而晋阳之胜，全在晋祠

晋祠，位于山西太原西南25千米的悬瓮山麓，原名唐叔虞祠，因纪念晋国开国诸侯姬虞而得名，又名晋王祠，简称晋祠。晋祠文化遗存极为丰厚，有宋、元、明、清时期的殿、

堂、楼、阁、亭、台、桥、榭等各式建筑 100 多座，宋元以来雕塑 100 多尊，铸造艺术品 30 多件，历代碑刻 440 余通，诗文匾联 200 多副，古树名木 96 株，其中，上千年古树就有 30 株。

与一般祠庙坐北朝南的格局相异，晋祠的方位是坐西朝东的。因晋祠背倚悬瓮山，为太原西山之脉，南北横亘颠连。祠内含智伯渠，出难老泉迤逦蜿蜒。祠庙遂依山水走势而建，成东西朝向。中轴线自东向西，即自内向外依次坐落水镜台、会仙桥、金人台、对越坊、献殿、鱼沼飞梁与圣母殿，献殿侧有钟鼓二楼。主殿圣母殿背依悬瓮山，后不设寝宫。古人如此布局，留下了规模庞大而功能各异的建筑群。

知识点 2　水镜台——神明的戏台子

中轴线上的第一座古建筑是水镜台（图 10-1），是供晋祠中的主建筑圣母殿中的圣母娘娘邑姜看戏用的戏台。

水镜台是明清时期的戏台，后台是明朝所建，前台是清朝补建。虽兴建于不同时期，但建筑却很完美地融合在一起。

图 10-1　水镜台

水镜台后台是供演员们化妆换衣服的地方。后台上方悬挂着"三晋名泉"横匾，是清康熙年间晋祠武举人杨廷翰所题。匾额上题的"三晋名泉"，其中"三晋"指的是春秋末期，韩、赵、魏三家分晋的典故，而"名泉"指的是晋水的三眼名泉——难老泉、善利泉和鱼沼泉。

水镜台后台建筑左右两侧分别有两只铜狮，非常有趣的是，左侧的狮口紧闭，右侧的狮口大开。这只闭口的为母狮，身下有只可爱的小狮子；右侧大张嘴巴的为公狮，脚下踩着绣球。

从侧面看这座建筑，可以看到重檐歇山顶与单檐卷棚顶这两者的巧妙结合，浑然一体。

从建筑风格方面欣赏，水镜台融合了殿、台、楼、阁四种建筑风格。从后台的上方看去，重檐歇山式的房顶仿佛一座楼，下方则又是宽阔的宫殿形制；前台上方单檐卷棚式的屋顶仿佛一间阁，下面宽敞的戏台又是台。

前台的名匾——"水镜台"，是清乾隆翰林、著名书法家、晋祠人杨二酉所题，是"晋祠三大名匾"之一。杨二酉是杨廷翰的侄子，伯父与侄儿，一武一文，一前一后，各题名匾，同悬于水镜台上，前后呼应，相映成趣。

知识点 3　会仙桥与金人台

中轴线的第二个建筑物是一座桥，名叫会仙桥，横跨于晋水上游的智泊渠。相传某年四月十四，明代翰林罗洪先与仙人在桥上相会，因此得名。桥长 6 米，宽 3 米，东西各有台阶数级，南北有石栏围护，两侧均有题字。

过了会仙桥，会看到一个金人台。据《晋祠志》记载："铁本是金，熔铁铸人，名曰金神，金能生水，有金则水旺。"古代先民们便集资铸造金神，祈求"风调雨顺"，于是便有了现在的"金人"。四个金人身着甲胄，手执兵器，似是保卫圣母的安全。

知识点 4　名匾"对越"与国宝级建筑献殿

过了金人台，会看到一座木质牌坊——对越坊（图 10-2）。对越坊建于明万历四年（1576 年）。"对越"二字取自《诗经·周颂》："秉文之德，对越在天。"对为报答，越为宣扬。"对越"在此意为报答宣扬圣母的功德。

"对越"匾相传由明太原县举人、书法家高应元所书，遒劲有力，宛如山岳嵯峨，棱角俏丽，不可揣摩，被誉为"雄奇之气"，为晋祠三大名匾之一。

图 10-2　对越坊

对越坊仿佛一扇通往祭祀殿阁的大门，古代官员骑马前来祭祀，穿过了对越坊，便可下马进入祭祀的殿阁——献殿。

献殿（图 10-3）是给圣母邑姜供奉祭品的享堂，始建于金大定八年（1168 年），明万历二十二年（1594 年）重修，1955 年依原样翻修，是晋祠三大国宝建筑之一。

享堂多为明清时期建筑，而宋金时期的享堂非常少，是罕见的建筑。另外，献殿的建筑风格大胆创新，外形似大殿，却犹如凉亭一般四面通透，没有围墙。支柱、抬梁、斗拱支撑着整座大殿，精巧的设计完美地印证了中国古代建筑"墙倒屋不塌"的奇迹。

献殿是摆放祭祀贡品的地方，一般进行祭祀的时节在农历七月初八，是较热的夏季，去掉围墙可以使通风性更好，对祭品的保存有一定好处；另外，献殿是在圣母殿之前的大殿，去掉围墙可以在视觉上更有轻盈通透的美感，更具有观赏价值。

献殿融合了实用性、科学性和艺术性，是中国古代建筑的杰作。

图 10-3 献殿

知识点 5 世界上最早的"立交桥"——鱼沼飞梁

穿过国宝级建筑献殿，我们又见到了另外一件国宝级建筑——鱼沼飞梁。这是一座精致的方形荷叶鱼沼的古桥建筑，与圣母殿同建于北宋时期，距今已有 1 500 多年的历史，整个梁架都是宋代的遗物。

梁思成先生对晋祠中的"鱼沼飞梁"有如下点评："此式石柱桥，在古画中偶见，实物则仅此一孤例，洵为可贵。"所谓"孤例"自然就是独此一例，前无古人，后无来者。

古人以圆者为池，方者为沼。因沼为晋水第二大源头，流量甚大，游鱼甚多，所以取名鱼沼。沼内立 34 根小八角形石柱，柱顶架斗拱和枕梁，承托着十字形桥面，就是飞梁。

鱼沼飞梁是我国公布的第一批国家一级文物，可见其地位之高。

知识点6　中轴线上的高潮——圣母殿

这座气势恢宏的大殿兴建于北宋太平兴国九年（984年），距今已有1000多年的历史。

大殿的构造采用了宋代《营造法式》中"柱升起""柱侧角"的建筑手法。柱升起：大殿前檐八根廊柱由中间向两边逐渐升起（每柱升高6厘米），这样扩大了屋檐曲线的弧度，使翼角高翘。在视觉上，腾飞的屋檐划出优雅的弧线，给人犹如音乐般的律动感和轻盈感。柱侧角：大殿四周共有26根廊柱，这些柱子全部向内倾斜，形成侧角（采用了力学三角形稳定的原理），使大殿更加稳固和坚实，增强了抗震性。

大殿重檐歇山顶，高19米，面阔7间，进深6间，殿身3间。间是何意呢？两柱之间称为一"间"，最外层的8根廊柱之间形成了7个空间，则为"七间"。

圣母殿的"圣母殿"三字牌匾，是1952年仿照原牌匾加工放大而成，依然是楷体书法，苍劲有力。原牌匾是由著名书法家傅山所书，但因年代久远，原匾已失，但其精华得以传承和保留。

圣母殿中有许多生动绝伦的宋代彩塑（图10-4），雕塑家钱绍武曾经说过："晋祠这组雕塑是现实艺术的伟大成就。"现代雕塑大师刘开渠曾赞誉其"是古今中外历史上最伟大的雕塑作品之一，是我国雕塑艺术宝库中的珍品，在我国的雕塑史上、美术史上占有重要的地位"。圣母殿中的宋代彩塑为晋祠三绝之一。

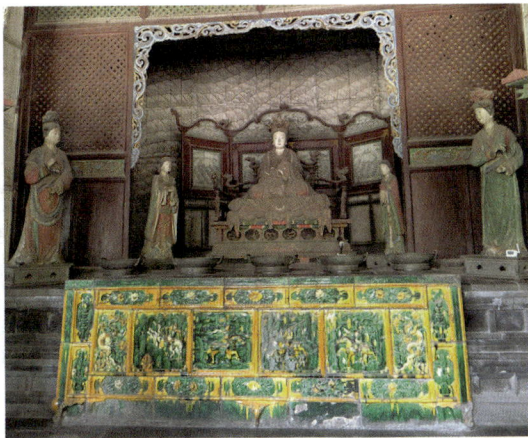

图10-4　圣母殿中的彩塑

圣母殿中的彩塑，尤其是其中的33尊侍女像，身体的丰满与俊俏，脸庞的清秀与圆润，各因性格和年龄而姿态各异。口有情，目有神，姿态自然，呈现出极不相同的思想感情与个性特征。

这些彩塑侍女像中最出名的一座为"双面俏佳人"。她的形象娇羞可人，头戴红饰，身穿宝蓝色长裙，低垂额首，姿态优美。她的表情更是有着摄人心魄之美：她的一面面带微笑，似乎受到了圣母的夸奖；而另一面则眼中含泪，似乎心中有着某种苦涩和悲伤。这种特殊而绝妙的神情表现，让人不禁感到震撼和惊叹。梅兰芳先生曾在《晋祠颂》中谓之："一颦一笑，似诉平生。"这座彩塑被称为晋祠宋代雕塑当中的代表作，实至名归。

　　一座晋祠，半部中国史。在晋祠中畅游，仿佛走过了几千年的悠悠岁月。晋祠中永远都有发现不完的美景，欣赏不完的艺术精品，探寻不完的历史遗迹。穿过晋祠的古柏苍松，历朝历代的亭台楼榭，感受到晋阳文化之盛，触碰到悠长历史留在这片土地上的斑驳印记。深沉、壮阔、古典、静穆，各个朝代的无数光影叠加，令这座博物馆的深厚与广博、繁华与灵秀，犹如天地苍穹般浩瀚无垠。

　　大美无言，晋祠之美，美在超越时间，美在一眼万年。

【导游词范文赏析】

范文1　寻梦晋国——晋风晋韵晋之源

　　桃花红杏花白，翻山越岭等您来！今天为您讲述的是一段来自三千年前的山西故事。这里曾是春秋时的晋国，晋国源于周武王的一个梦。今天我将陪您一起走进晋祠，一起去寻找一段消逝千年的梦。

　　了解晋祠的渊源，得从西周开始。周成王姬诵封其弟姬虞为唐国侯，姬虞死后其子燮父因唐国有晋水，将国号改为晋。后世晋国的子孙为了纪念晋国的开国诸侯姬虞，就选中了今天晋祠这块山清水秀的宝地，为其修建祠堂，取名唐叔虞祠。后逐渐扩建，成为今天的晋祠（图10-5）。

图10-5　晋祠

　　著名古建筑学家梁思成、林徽因夫妇在20世纪30年代考察晋祠后感慨地说："晋祠布置又像庙观的院落，又像华丽的宫苑，全部兼有开敞堂皇的局面和曲折深邃的雅趣，大殿楼阁在古树婆娑池流映带之间，实像个放大的私家园亭。"晋祠这座拥有几十座古建筑的中国北方古典园林，素以雄伟的建筑群、高超的塑像艺术闻名于世。此刻我们站在晋祠主殿圣母殿前，不禁被她恢宏的气势所震撼，那高高翘起的檐角，微微内倾的巨柱，栩栩如生的木雕盘龙，无一不展示着千年前我们祖先的妙手神功！

　　每当站在大殿门前我总不由得想起一句广告词："给我一天，还你千年。"此时此刻，您只要给我一步，我就能还您千年！现在请把您的目光交给我，我们一起去探寻这大殿内的千年瑰宝——宋塑侍女。她们姓甚名谁？她们芳龄几许？她们又来自何处？郭沫若先生1959年来到晋祠，端详塑像后写下了"倾城四十宫娥像，笑语嘤嘤立满堂"的赞美之词。接下来请各位随我一起欣赏这组宋塑侍女当中的扛鼎之作。您请看，就是她！这位宫女身材匀称，面容姣好，艳丽的衣服、红红的花冠、手里还捧着花手巾，无一不透着她的青春活力。我想，她一定是圣母面前正红得发紫的歌舞伎了。您看她头微微向前低着，嘴角上翘，脸颊上还透着点儿绯红，一定是刚刚演出结束，被圣母娘娘表扬了，一个小姑娘害羞的样子被表现得惟妙惟肖、淋漓尽致。不过，您可千万不要以为她的生活就是幸福的。请各位随我一起从侧面看看这位"美少女"的脸。刚才的喜悦表情荡然无存，现在我们看到的是红肿的眼睛、沮丧的表情。因为她清楚的知道，旁边那位年华已逝的歌舞伎的今天就是自己的明天。在这皇宫大院中幸福生活的是那些达官贵人，而自己作为一个身份卑微的侍女，未来的生活全都是梦。这一尊尊宋塑侍女虽然年代较唐代彩塑略晚，但她们在继承唐塑唯美、精致的基础上，大胆创新，走向了世俗化、人性化，变得更加写实，更接地气。所有塑像的衣饰、职业、年龄和性格无一雷同，工匠通过各自鲜明的形态气质赋予了她们生命。她们或庄重严肃、或活泼可爱、或黯然忧伤、或端庄稳重，在色彩的描绘下，神态更显真切迷人。

宋朝的工匠突破了封建统治者的束缚，打破了传统的审美界限，一改塑像程式化的塑造形式，将自己的喜怒哀乐，通过这尊"双面美女"，穿越千年展现在我们眼前。无论是表现手法，还是人物的内心描绘，都以真实为据。这种深入的个性刻画，微妙的造型构思，在北宋前是远未达到的，这自然朴实的艺术之花在宋朝盛开。我们不得不叹赏、感念古代工匠们的高超技艺！感谢我们伟大的祖先，他们用灵巧的双手和聪明智慧，为我们留下了这段凝固的历史，透过这些塑像，去找寻他们生活的印记！

今天，我们生逢盛世，有幸能亲手打开这尘封了千年的"家书"。谢谢您，让我读懂了爱，读懂了家与国，读懂了珍惜，读懂了人生，读懂了伟大祖先创造的伟大文明。游山西，就是读劳动人民的创造史。读懂山西，您就读懂了中国。华夏古文明，山西好风光！

范文2　唐风晋韵——大唐王朝龙兴地

各位游客，大家好！今天由我带大家游晋祠，我先简单介绍一下晋祠的全貌，然后对每个景点作详细介绍。首先说一下晋祠的由来，晋祠初名唐叔虞祠，唐叔虞是周武王之子，周成王胞弟。据《史记·晋世家》记载：有一天成王和叔虞在院子里做游戏，成王随手从地上拾起一片梧桐树叶，剪成玉圭的形状，给叔虞说："把这个玉圭给你，封你做唐国的诸侯吧！"站在一旁的史侠听到了，就请成王举行分封大典。君无戏言，成王只好把叔虞封到唐国做了诸侯。唐国就是今晋南曲沃、翼城一带。叔虞到了唐国，利用晋水，兴修水利，发展农业，从此唐国百姓安居乐业，生活富足。叔虞去世后，后人为了纪念他，就选择这片山清水秀的地方，修建了"唐叔虞祠"。叔虞儿子继位后，将唐改为晋，堂叔虞祠也改为晋祠。晋祠位于悬瓮山麓，晋水源头，海拔780米，占地3 000余亩①。这里依山傍水，古木参天，鸟语花香，浓荫蔽日，有近百座殿、堂、楼、阁、亭、台、桥、榭等。

走进晋祠博物馆大门，我们看到的第一座建筑就是水镜台。这是古代演戏的舞台。"水镜台"出自《前汉书·韩安国传》"清水明镜，不可以形逃"之句。是说忠奸是非，尽人皆知。水镜台为明清时期建筑，坐东向西，前部为单檐卷棚顶，后部是重檐歇山顶，台围有疏朗的走廊，此台造型雄奇，雕刻彩绘精细，是难得的艺术佳作。朋友们，我们刚走过的桥叫会仙桥。桥下的渠叫智伯渠。春秋末年，晋国形成了智伯、韩、赵、魏、范、中行"六卿专政"的局面。其中智伯势力最强大，他吞并了范氏和中行氏后，又要韩、魏、赵三家向他各献采邑百里。遭到三家拒绝，智伯强迫韩、魏攻赵。赵秘密说服韩康子和魏桓子，三家歃血为盟，里应外合，决堤退水，倒灌智伯军营，消灭了智伯，三分其地，这就是历史上"三家分晋"，山西称三晋即由此而来。

过了智伯渠就是金人台，也称莲花台。台为方形，中央为明代建的琉璃小阁。台四隅各立一尊高约2米的铁人。铁为五金之属，故称金人台。你们看到西南隅铁人是四个铁人中铸造水平最高、保存最完整的一尊，其造型独特，威武逼人，历经900多年风霜雪雨仍锃亮不锈，被称为宋朝的"不锈钢"。相传四个铁人是为镇水防患而铸，日久天长，他们秉承日月之精华，渐通人性。这四个铁人三个是本地户，西南的是外来户。三个本地户老乡观念强，相处得情投意合。三人不甘寂寞，相约出逃。跑了三天三夜到了黄河边，被黄河水神点化，永镇黄河。西南铁人老实本分、忠于职守，但三个铁人跑后，他感到孤独冷清，加上老和尚刻薄，他也萌生逃意。被老和尚发现，拿起斧头在他左脚上连砍三斧，就这样他站了900多年，到今天在他的左脚面上还能清楚地看到当年被斧砍过的痕迹。后来人们同情这位铁人，怕他孤单，就重新补铸了三尊铁人给他做伴，但形象远不如之前的三尊。

金人台西，有一座牌坊，上有"对越"牌匾，是中轴线通向圣母殿的必经之路。"对越"二字出自《诗经·周颂·清庙》一文，"秉人之德，对越在天"。相传，万历年间太原县举人高应元为治老母亲头疼之症，捐资修祠，焚香祈祷。后因病痊愈，亲笔书写"对越"匾。"对"为报答，"越"为宣扬，意为报答宣扬祖先的功德。今天，我们在这里也要秉承先贤们孝道的精神。对越坊两侧，是钟、鼓二楼，如坊之两翼，两楼形体相似，下为方形边长约7米的石砌基址，高约3米，没有台阶可上下，台基上有12根廊柱，柱间置木栅，楼顶为重木檐十字歇山顶，上饰彩色琉璃瓦。钟楼内有明代所制9 999.5斤大钟一口，鼓楼内置大鼓一面。钟、鼓为古代报时工具，旧有"晨钟暮鼓"的说法。对越坊以西是献殿。

在献殿和圣母殿之间，就是我们脚下这座十字桥，它叫"鱼沼飞梁"。为什么叫这个名字？先说鱼沼，古代人称水池园形为池，方形为沼，因沼内多鱼，故名鱼沼，所谓"飞梁"，是这座桥呈十字形，东西长19米，宽5米，南北长19米，宽3.8米。桥的整体形状像只振

---

① 1亩 =666.67平方米。

翅欲飞的大鸟，故称"飞梁"。还有一个传说：鲁班的妹妹叫班妹，班妹织锦缝纫手艺精良，性格争强好胜。一日晚饭后，班妹提出要和鲁班比赛，让鲁班一天之内造出一座十字桥，班妹做出一双绣花鞋。比赛开始后，班妹飞针走线，鞋帮鞋底都做好了，看见哥哥还在水边发呆，手工就慢了下来，做好左脚鞋后便去休息了。天快明了，班妹发现哥哥的十字桥建好了，只好用几张黑纸将右脚糊起来。百年过去了，桥依然如故，而鞋早就露出了马脚，现在你们的鞋都是右脚的先坏，就是班妹当年做右脚鞋糊弄的缘故。所以，我们不管做什么，都要踏踏实实，认认真真。

鱼沼飞梁左边是善利泉，右边是难老泉。过桥即到圣母殿。圣母殿是现存建筑规模最大、最古老的建筑。大殿庄严古朴，气势恢宏，蔚为壮观，形体、规格和构建方法都是宋代建筑的典范。大殿重檐歇山顶，通高19米，面阔7间，进深6间，宽26米，深21米，平面近方形。四周围廊为现存古建筑中最早的实例。殿周柱子均向内倾，制成侧角，致使屋檐曲线弧度显著，打破了建筑轮廓僵直的格调，增强了建筑造型的艺术美和稳固力。圣母殿在两层檐下均设斗拱，斗拱配置十分疏朗，前檐各间设补间斗拱，山后及后檐除稍间施补间辅佐外，都用扶壁拱，一座殿宇上如此繁复的斗拱变换形式，充分显示了宋代工匠追求受力的合理性的智慧和创造才能。

游客朋友们，我们现在来到了水母楼，水母楼又叫水晶宫，供奉晋源水神，创建于明嘉靖四十二年（1563年），重修于道光二十四年（1844年）。坐西向东，两重楼阁，重檐歇山顶，上下两层都有回廊，楼下为一明两暗窑洞三窟，中间一窟供有铜铸水母像，为民间妇人装扮，端坐瓮形莲座上，楼上为通堂三间，正中设神龛，塑水母成仙像，肃穆庄重；神龛两侧分列侍女像八尊，前者人形，后者鱼形，被称作"东方美人鱼"。关于水母娘娘，有一段美丽的神话传说：瓮山脚下，住着一户人家，娶了位贤惠的媳妇柳春英，婆婆每天都逼春英到十几里外的山沟里挑水，而挑回的水，只要前桶水不要后桶水。一天，春英在挑水回家的路上，遇上一位白发老翁向她乞水，春英为难，见老人可怜，就让水给老翁，回到家遭到婆婆毒打。一连三天，老翁都向春英要水喝，春英都让水给老翁。老翁是白衣大仙，见春英善良，赠她一把马鞭。从此，春英把马鞭放进水缸，只要一提马鞭，水缸水就满了。后来，婆婆让春英回娘家，临行春英叮嘱婆婆不要把马鞭提出缸外，否则就会发生水患。春英回娘家第二天，婆婆就把马鞭从水缸里提出。顿时大水涌出缸外，流到大街上，冲垮了房屋，也冲走了婆婆。春英听到消息，跑回了婆家，拿起一个蒲团盖在水缸上，自己坐在上面，从此，一股清清的泉水从水缸底下源源流出。柳春英也坐化成仙了。后来，四方百姓尊柳春英为水母娘娘，集资在泉水源头盖起了水母楼，以纪念这位勤劳善良的农家妇女。游客朋友们，今天你们在晋祠不仅看到了古朴典雅、气势雄壮的古代建筑，还领略了她的悠久历史和丰富文化；不仅感受到了古代建筑的美，还体验了人们对她赋予的美好精神内涵。今天的游程就结束了，希望能给大家留下一个长久回味的话题。

【讲解情景模拟实训】

晋祠与梁思成林徽因夫妇

一、实训目标

（1）通过模拟讲解训练，熟知晋祠位置、修建时间、规模布局、历史演变、价值。

（2）熟知晋祠的规模，明确晋祠主轴线建筑物讲解内容，如晋祠三宝、三绝、三大名匾，做到讲解虚实结合。

（3）结合基本讲解方法，通过教师示范，掌握具体讲解方法，并通过分组和角色扮演进行讲解实训，亲身感受讲解过程，体会讲解导游词的感受。

二、实训步骤

（1）教师介绍常用的几种导游讲解方法并进行示范性讲解。

（2）学生分组模拟多种旅游团（如商务团、学生研学团、老年团等），每人依次进行导游讲解练习。

（3）每个学生按照参加全国导游口试标准，讲解8分钟导游词，4分钟专题，小组成员扮演游客予以配合。

（4）填写实训报告，回答相关问题。

三、问题思考

（1）请在5分钟内即兴讲述晋祠名称的来由。

（2）请简述三宝、三绝、三大名匾。

（3）晋祠的传说故事你还知道哪些？请给大家讲一讲。

【技能拓展与延伸】

（1）初看晋祠，看的是晋源之山清水秀；再看晋祠，看的是历千年而来的古建筑风貌。那种从自然中汲取灵感的营造风格，夹杂着中国人对美学的思考，同样也向外传达了中国人对祖先的敬仰。请你说出学习了晋祠之后，对晋祠建筑妙处的见解。

（2）根据所学知识与技能，分组进行合作探究活动，围绕晋祠的其他人文景点进行导游词创新制作，挖掘旅游资源，进行导游解说，然后拍摄成视频资料，在班级群内（或专业网站）进行互动交流，展示其发展美、人文美、和谐美。

任务十一　绵山模拟讲解词实训

【学习目标】

1.素养目标

（1）树立职业道德观念，强化服务意识，学会尊重游客，关注游客需求，展现良好的职业形象。

（2）热爱本职工作，在服务中践行游客至上的专业品质。

（3）通过讲解绵山的自然风光、历史遗迹和民俗风情，树立民族自豪感，增强文化自信，成为民族文化传承的使者。

2.知识目标

（1）熟知绵山的地理、历史和文化背景。

（2）掌握绵山的主要景点、景观特色和旅游资源，包括自然景观和人文景观，了解其形成原因、历史背景和相关的典故，以便更好地向游客介绍。

（3）通过模拟实践，学习绵山景区导游讲解服务技巧，学习导游词创作技巧。

3.能力目标

（1）掌握讲解技巧，包括语言组织、表达方式、语速控制等方面，能够清晰、流畅地介绍绵山的历史文化、景观特色以及背后的故事。

（2）培养景区导游服务及撰写导游词的能力和技巧。

（3）养成仔细观察、善于辨别、勤于思考的习惯，努力提高导游词编创水平。

【引言】

山光水色肤，寺观钟灵镀。

风流绝谷梳，岩洞真神附。

精神世界何不腐？彭祖绵山悟。

仁人何所图？公子如初负，晋国大夫时代谱。

知识点 1　绵山概况

绵山，也名绵上，后因春秋晋国介之推携母隐居被焚又称介山。它地处汾河之阴，距介休市区 20 千米，跨介休、灵石、沁源三市县境，最高海拔 2 566.6 米，相对高度 1 000 米以上，是太岳山（霍山）向北延伸的一条支脉。绵山集山光水色、文物胜迹、佛寺神庙、革命遗址集于一体，是山西省重点风景名胜区、国家 5A 级旅游景区、中国历史文化名山、中国清明节（寒食节）发源地、中国寒食清明文化研究中心和中国寒食清明文化博物馆（图 11-1）。

图 11-1　绵山景区

1. 地理位置

绵山位于山西省中部，距介休市区 20 千米。

2. 历史沿革

春秋时期，晋国贵族介子推，跟随晋公子重耳逃亡十余年，曾在饥饿时割下自己大腿上的肉给重耳吃。重耳成为晋文公后，介子推携母亲到绵山隐居，晋文公派人寻找，为逼迫介子推出山，采取放火烧山的办法，最终导致介子推和他母亲被烧死。晋文公得知后悲愤交加，命将绵山改为介山，把阳县改为介休县，以示怀念。

东汉建安年间，绵山已有铁瓦寺建筑。

魏太和时期，高僧迪公开始筹划在绵山抱腹岩建寺。北魏高僧昙鸾于绵山聚徒弘法，创立净土宗道场鸾公岩。

唐初，高僧志超（空王佛）入主抱腹寺，唐太宗李世民曾亲登绵山礼佛谢雨。唐后各代，绵山各处庙殿屡有增设，修缮不辍，成为著名的游览胜地。

1995 年，介休市委、市政府决定将绵山风景区确立为精品项目，重点开发，出台了优惠政策，鼓励社会投资。介休市民营企业山西三佳煤化有限公司从 1995 年开始对绵山进行大规模修缮开发。十几年间构筑了"吃、住、行、游、购、娱"完善的旅游服务体系，形成龙头寺、龙脊岭、李姑岩、峰房泉、大罗宫、天桥、一斗泉、朱家凹、云峰寺、正果寺、栖贤谷、介公岭、水涛沟、古藤谷 14 个景区，360 多个景点。

2013 年 9 月，绵山被评为国家 5A 级旅游景区。

3. 价值

绵山自然景色优美，文物古迹众多，是山西省 1987 年公布的第一批风景名胜区、国家 5A 级旅游景区、中国历史文化名山、中国清明节和寒食节发源地、中国寒食清明文化研究中心和中国寒食清明文化博物馆。绵山发挥历史文化资源优势，深挖传统节日内涵，赓续非物质文化遗产，让寒食清明文化得以品牌化发展。

知识点 2　绵山看点

一、赏美景

1. 步步有景 景景有典

奇岩、险道、秀水、古柏、唐碑、宋塑、名刹、巨宫和道佛人物组成了绵山独特的自然和人文景观，形成 14 个景区，360 多个景点，可谓"步步有景，景景有典"，使人目不暇接，思绪万千，流连忘返。

无峰不奇：绵山山势巍峨险峻，多处悬崖峭壁，自然景色十分优美，有众多著名景区。其中属龙脊岭最为奇特。

无水不秀：绵山溪流蜿蜒曲折，十里仙谷，大大小小瀑布有百十余处。千回百转，飞流激荡，犹如镶嵌在茂林和芦苇丛中的一串串碧玉，使人如置身于南国水乡之中。绵山秀色，首推水涛沟（图 11-2）。

无寺不古：绵山古迹风格多样，建筑群体中宗教建筑有殿庙、宫观；园林建筑有亭、台、楼、阁、轩、廊、榭、牌楼；古留遗迹建筑有古营门、城池、营寨等，可为古建筑博物园。这里有唐太宗皇帝驾幸绵山礼佛之地龙头寺、有悬于狮子山崖壁之上（高 13 层 110 米）的大罗宫、有中国最大的石窟祠庙介神庙、有抱腹岩上挂铃还愿习俗的云峰寺。

图 11-2　水涛沟

大罗宫：大罗宫游览区，当地人俗称"中岩"。"三清上，曰大罗"。道家认为天有三十六重，三十六重之上为大罗天，因此将这座宫殿命名为大罗宫，意为最高的仙宫。

大罗宫依山而建，层楼杰阁、画栋雕梁、金碧辉煌。整个建筑群面积为 3 万多平方米，共由 13 层组成，总高 110 米，游客称赞其"可以与布达拉宫相媲美"，可谓天下道家第一宫观。

大罗宫始建年代不详，据传在春秋时介子推来绵山隐居，就有道家人物活动的遗迹，东汉时已有部分殿庙初具规模。唐开元十一年（723 年），玄宗皇帝南出雀鼠谷时，专程驾幸绵山缅怀前朝圣祖功德，感戴绵山诸神护佑李唐王朝的恩典，降旨敕修大罗宫诸殿。以后宋代元祐年间、明万历年间、清代康乾年间官方与民间屡加修葺。至 1940 年遭日军焚毁，1998 年三佳公司在原址上重修，才成为今日胜状。

本区内包括大罗宫主殿的讲经坛、混元殿、群仙殿，还有灵霄殿、三清殿、财神殿等诸殿。展厅内绵山唐、宋、元、明、清历代精品彩塑，被称为"山西的敦煌"。藏经阁是中国名胜区最大的藏书之处。宫内《道德经》木刻、石刻及英语、日语、俄语等译文，堪为《道德经》文化之大观。岩上有一天然石洞，夏日常有白云飘出，故称为"白云洞"。洞旁建一草庵，叫白云庵。庵内的《金刚经》石刻，为唐代遗留的稀世文物。

云峰寺抱腹岩：云峰寺，原名抱腹寺，因建于抱腹岩而得名。始建于三国曹魏时期，高僧迪公经营始建，距今已有 1 700 余年。抱腹岩坐东面西，高 60 米，深 50 米，长 180 米，分上下两层，抱二百余间殿宇、馆舍于"腹"内，容 2 000 年历史文明于其间，为天下"绝无仅有"。云峰寺的主要景点有毗卢殿、玉皇阁、铁索岭、《大唐汾洲抱腹寺碑》等 40 余处。寺内供奉着当地真神介子推、真佛空王佛。

田志超是汉人第一个成佛的，塑像为包骨真身。寺内还保存着许多唐、宋、元、明碑刻、雕塑，具有很高的文物价值。抱腹岩顶壁挂铃，场面惊心动魄，令人赞叹叫绝。铁索岭是天下最古老的攀崖铁索栈道。铁索岭的铁索和下方云梯悬挂于唐代之前，是唐代大诗人贺知章当年登山的一条险径。明末清初大学者傅山于崇祯十年（1637 年）题写的长联、清光绪三年（1877 年）皇帝所赐"慈云法雨"御匾，以及当代著名学者邑人张颔所题"抱腹栖云"的匾额，都是不可多得的珍品。

无道不险：绵山栈道崎岖陡峭，多悬于崖壁之上。人在桥上过，云在脚下飞，使人有平步青云、飘飘欲仙之感。相传是 2 600 年前所建的天桥栈道，为我国最古老的栈道之一。绵山栈道长 300 余米，宽 1 米多，上离峰顶 80 余米，高入云表，下距沟底 300 余米，悬于危岩上。

2. 绵山三绝

第一绝是山水秀美。绵山多巨岩，往往高达数百丈，颇为壮观。古人在这巨大而幽深的岩腹里建庙筑寺，层层叠叠，高低错落，优美异常，远远望去如悬空寺一般壮观。在绵山上到处可见汩汩的山泉，溪水不但在谷底奔流，就连巨大的石壁上也可以见到泉水从石缝里滴滴答答落下来。绵山景观如图 11-3 所示。

图 11-3　绵山景观

第二绝是包骨真身。绵山正果寺的真身舍利佛——空王佛田志超。田志超是汉人成佛第一人，为唐贞观年间所遗存，在全国少见。踏入供奉大殿，看着眼前一排泥塑坐像，仍然保持着坐化时的形态，面部神态安详自然，形态各异、栩栩如生。

第三绝当属挂祥铃。挂祥铃是绵山闻名于世的祈祷活动，民间艺人被固定在悬崖顶部的绳子吊在半空，利用前后晃动的力量悠进洞内，再向崖壁上打楔系铃。绵山的祥铃都挂在抱腹岩上，人们在许愿或还愿之后，便请专事挂铃的民间艺人上山，将铜铃挂在陡峭的岩壁上。

二、习文化

1. 忠孝文化

介子推被世人尊称为介子，根据历史资料记载，他是山西介休市人，具体出身和家庭事迹不详。介子推在历史上闻名是因为他义盖云天和不屑功名利禄的清高气节。忠义、道义精神是以介子推为楷模的三晋名士的精神内核。

2. 寒食节

寒食节是中华民族的传统节日，在清明节前一至二日。寒食节禁烟火，只吃冷食。在后世的发展中逐渐增加了祭扫、踏青、秋千、蹴鞠、牵勾、斗鸡等风俗，寒食节前后绵延两千余年，曾被称为中国民间第一大祭日。寒食节是汉族传统节日中唯一以饮食习俗来命名的节日。

据史籍记载：春秋时期，晋国公子重耳为躲避祸乱而流亡他国长达十九年，大臣介子推始终追随左右，不离不弃，甚至"割股啖君"。重耳励精图治，成为一代名君——晋文公。但介子推不求利禄，与母亲归隐绵山，晋文公为了迫其出山相见而下令放火烧山，介子推坚决不出山，最终被火焚而死。晋文公感念忠臣之志，将其葬于绵山，修祠立庙，并下令在介子推死难之日禁火寒食，以寄哀思，这就是寒食节的由来。

三、品美食

中国历史文化名山绵山，自古闻名遐迩，历代帝王将相、名人贤哲、高僧高道朝拜游览者甚众，故流传下来丰富的饮食文化。绵山特色的九大名宴成为一朵奇葩。

绵山九大名宴，是山西绵山地区独具特色的传统宴席，每一宴都承载着深厚的历史文化底蕴和独特的美食风味。

其中，贞观御宴是唐朝宫廷美食的代表，以其古典餐具、南北风味和王者风范而著称；秦王宴则是大唐军宴的典范，菜品丰富多样，尽显盛唐风采。

此外，农家宴展现了东汉时期农家生活的朴实与纯真；潞公宴则是北宋时期文人雅士聚餐的缩影，菜品雅致，风味独特。文公宴则是春秋时期的传统宴席，体现了晋文公的历史文化。而彭祖宴则以滋补药膳为主，具有深厚的养生文化内涵。此外，还有养元斋排骨王、药膳珍菌狮子头、百灵菇泡馍等特色菜品，每一道菜品都独具风味，令人回味无穷。

绵山九大名宴不仅是一场味蕾的盛宴，更是一次历史文化的深度体验。

【导游词范文赏析】

范文1　忠孝之地——忠孝之地清明之源

割肉奉君尽丹心，但愿主公常清明。

尊敬的各位游客朋友们，大家好！今天我们所要参观的景点位于山西省介休市著名风景区绵山，绵山古称绵上，因山势绵亘而得名。绵山位于山西省中部，距介休市20千米，是太行山的支脉，平均海拔2 440米。绵山风景优美、清爽宜人，是山西公布的第一批风景名胜区、国家5A级旅游景区、中国历史文化名山。

各位游客朋友们，我们现在来到的是龙脊岭。映入眼帘的就是介子推母子纪念像。这组塑像生动传神，高9.9米，以纪念其落成年代1999年。该像造型古朴典雅，形象逼真，生动地再现了当年介子推携母归隐绵山的情景。它是绵山的标志，也是介休的标志。

提起介子推，相信许多人都听说过"火焚绵山"的故事。据《左传》和《史记》记载：春秋时，晋国的介子推，为人正直，是有名的忠臣孝子。在晋国公子重耳被赶出国门在外避难时，介子推忠心耿耿随重耳在外漂泊了十九年。一次重耳途经卫国，饥不能行，众臣争采野菜煮食，重耳难以下咽，这时介子推便从自己的大腿上割下一块肉，煮成汤让重耳吃，重耳感动不已，夸介子推有"割股奉君"之功。重耳结束流亡生活，成为晋文公之后，流亡时跟随他的群臣争相邀赏，唯独介子推悄然离去，他说："我宁愿终生贫困，也不愿贪天功为己功"，便背上自己的老母，进入绵山隐居起来。此事不久便被晋文公得知，立即前往绵山，但介子推死活不肯出来相见。

　　晋文公知道介子推是孝子，决定举火焚林，他认为这样一来，介子推为保全老母亲性命，一定会背着母亲逃出山中。结果介子推宁死不出山，和老母亲相抱，被熊熊烈火烧死在山中。晋文公焚山时正值"清明节"前一天，后人为纪念介子推，每逢此日都不忍举火，冷食一日，"寒食节"从此便流传下来了。2008 年，绵山被中国民间协会评定为中国寒食清明文化之乡。

　　介子推的人子要尽孝、臣子要尽忠，不图名、不求利的言论，与其终隐于绵山被焚的结局，让世人感叹！他也被庄子赞道："介子推至忠也！"忠、孝、清、烈四字就是对介子推崇高人品的精练概括。介子推在中华文明史上，为历代皇帝旌表、名人歌咏、百姓尊奉，同时成为被以山、以村、以县、以节、以庙纪念和祭祀的华夏忠孝第一人。因此，绵山又称介山。

　　山不在高，有仙则名，而绵山不仅因介子推而闻名，纵览绵山，人文荟萃，景色优美。山势奇特，有大小天然溶洞百余处之多，最大的当属"抱腹岩"（图 11-4），因其山势如两手抱腹而得名。它是一个高约 60 米、长约 180 米、深约 50 米的巨形岩洞。抱二百余间殿宇、禅房于"腹内"，容两千年历史文明于其间，为天下"绝无仅有"。明末清初著名学者、书法家傅山曾写长联盛赞道："阅名山多矣，无如此石凌空，生成的一片袈裟，十方圆盖；瞻佛教巍然，自有真神出现，修炼来三花聚顶，五气朝元。"抱腹寺内塑像、碑刻具有很高的文物价值。

图 11-4　抱腹岩

　　家和万事兴，百善孝为先。家庭需孝悌，国家需忠诚。朋友们，像介子推一样人人都以忠、孝立身，勇于担当、尽职尽责、主动奉献，积极为家庭谋幸福、为他人送温暖、为国家做贡献，就能凝聚同心共筑中国梦的磅礴力量。朋友们，让我们一起走进绵山，感悟忠孝文化，弘扬传统美德！

范文2　人间仙境——太岳极顶人间仙境

　　各位游客朋友，大家好！欢迎大家来到中国历史文化名山——绵山观光旅游。我是您今天的导游，愿绵山的奇山秀水，给各位带来美好的时光。

　　绵山古称绵上，因山势绵亘而得名。绵山山势陡峭，多悬崖绝壁，苍松翠柏，自然景色非常优美。后因春秋时期晋臣介子推被焚于此而名声大振。绵山集山光水色、文物胜迹、佛道寺院、革命遗址于一山，可谓"无峰不奇，无水不秀，无洞不幽，无寺不古，无景不典"。

我们首先来到的是龙脊岭，龙脊岭上，首先映入眼帘的是一组高9.99米的介子推母子纪念像，忠、孝、清、烈四字是对介子推崇高人品的精练概括。

接下来我们来到的是被称为天下第一道观的大罗宫（图11-5）。大罗宫依山而建，重岩叠嶂，建筑面积高达1万多米，可以与西藏的布达拉宫相媲美，这座大罗宫，分13层，高110多米，依次供奉着道教最高尊神和民间一般神仙，包罗万象，应有尽有。

进入大罗宫，在1~7层是供奉文武财神的财神殿、供奉天官地官水官的三官殿、供奉太岁的六十元辰殿、供奉人间最高神灵玉皇大帝的凌霄殿，以及供奉道教最高的三位神灵——玉清、上清、太清的三清殿。

在8~13层中有参观价值极高的雕塑以及壁画。大家请看，位于第8层的有200多尊塑像，第9层则有介休三贤的画像。在第10层中有百名书法家题写的108块道德经木刻全文，拜过了第11层的道教最高尊神，品味过绘制了300平方米的群仙朝元图，现在我们便来到了大罗宫的顶层建筑藏经阁，此处珍藏着"四库全书""金刚经""尚书"等经典藏书数万册，在国内风景区中，也是首屈一指！

图11-5　大罗宫

登过了大罗宫，我们现在看到的就是抱腹寺，因建在抱腹岩而得名，岩上的寺院分为上下两层，不时在云雾之中显现，又名云峰寺。

在绵山有三绝，此三绝都汇聚在云峰寺之内，分别是包骨真身像、还愿挂铃、铁索岭，我们依次了解一下：在我们头顶半空悬挂的这些铜铃，就是当地的还愿挂铃民俗活动留下来的，前来还愿的善男信女，请来当地的人一头系在抱腹岩上的松树上，一头系在腰上，两人同时放下，一人推另一人使其晃悠入洞，然后把事先准备好的铜铃挂在崖壁上，挂铃成功后鸣鞭炮以示庆祝，整个过程惊险刺激，让人大饱眼福。

而我们眼前的这两根长70多米的铁索是供人们攀登铁索岭时使用的，唐代大诗人贺知章当年攀登时留下了"百丈危崖垂铁索，千年古道天下奇"的感叹。铁索岭也是抗日战争时期连接晋冀鲁豫和革命圣地陕北延安的一条秘密通道，它同样也为抗日战争做出了重要贡献。

现在我们脚下这条长 300 多米的之字形栈道通往正果寺，也称真骨寺之路，寺内 13 尊宋、元、金代得道高僧与道人，全是包骨真身像，这些塑像，虽然经历了千年的沧桑，却仍然保留着圆寂时的神态。

接下来我们看到的这个景点是有着十里画廊避暑胜地之称的水涛沟，沟里的五龙瀑，高 80 多米、宽 10 多米，瀑布下的五龙潭水面宽阔，水质清澈，凉爽宜人；雄狮瀑浩浩荡荡似千军万马，涛声喧闹如雄狮怒吼，进入水帘如雾里看花，颇有一种朦胧之美。

登过了 13 层的大罗宫，看过了绵山三绝的饱腹寺，感受过介子推的忠诚，体验过大自然的美妙，在优美风景的伴随下，我们的绵山之旅到这里就告一段落了，希望我的讲解能给您留下深刻的印象。朋友们，让我们下次再会。

【讲解情景模拟实训】

晋国历史

一、实训目标

（1）通过模拟讲解训练，熟知绵山的历史沿革、概况及特色看点。

（2）熟知介子推的典故和寒食节的由来，完成导游词创编。

（3）结合基本讲解方法，通过教师示范，掌握具体讲解方法，并通过分组和角色扮演进行讲解实训，亲身感受讲解过程，体会讲解导游词的感受。

二、实训步骤

（1）教师介绍常用的几种导游讲解方法并做示范性讲解。

（2）学生分组模拟多种旅游团（如商务团、学生研学团、老年团等），每人依次进行导游讲解练习。

（3）每个学生按照参加全国导游口试标准，讲解 8 分钟导游词，4 分钟专题，小组成员扮演游客予以配合。

（4）填写实训报告，回答相关问题。

三、问题思考

（1）请在 5 分钟内即兴讲述绵山的概况和绵山的特色看点。

（2）请简述介子推"割股奉君"的典故和寒食节的由来。

（3）思考如何在讲解中体现绵山承载的文化教育作用。

【技能拓展与延伸】

（1）文化是绵山旅游景区的灵魂，主要有六大文化：佛教文化、道教文化、介子文化（主要包括寒食及忠孝文化）、隋唐文化、自然文化（山水文化）及天象灯图文化。"六大文化"是绵山最有吸引力的旅游资源，可直接或间接地转化为旅游产品。绵山的文物遗存完整、数量丰富、分布集中，这些文物遗存从春秋时代即公元前650多年开始，经历了战国、秦、汉、隋、唐、宋、元、明、清等朝代。请查阅相关资料，思考绵山景区如何做好文化旅游，推动绵山旅游产业快速发展。

（2）根据所学知识与技能，开展分组合作探究活动，围绕介休地区的其他景点进行导游词创新编写，挖掘旅游资源，进行导游解说，然后拍摄成视频资料，在班级群内（或专业网站）进行互动交流，展示其发展美、人文美、和谐美。

任务十二 乔家大院模拟讲解词实训

【学习目标】

1. 素养目标

（1）具备良好的职业精神和工匠精神，在训练过程中逐步培养精益求精、勇于创新的品质。

（2）不断学习商业伦理、法律法规等相关知识，提升职业素养和综合能力。

（3）提升专业技能，培养家国情怀和文化传承意识，成为具有深厚文化底蕴和广阔国际视野的优秀导游人才。

2. 知识目标

（1）熟知乔家大院的历史背景和建筑风格。

（2）能够分析乔家大院的建筑特色，并理解其历史文化意义。

（3）通过模拟实践，学习乔家大院景区导游讲解服务技巧，学习导游词创作技巧。

3. 能力目标

（1）能够运用恰当的语言对乔家大院景区进行分析和描述，理解乔家大院所代表的中国传统价值观，树立文化自信和自豪感。

（2）具备导游服务及撰写导游词的能力和技巧。

（3）养成仔细观察、善于辨别、勤于思考的习惯，努力提高导游词编创水平。

【引言】

乔家大院，这座历史悠久的建筑，是晋商乃至中原商业大家族的精神风貌和文化传承的缩影。它不仅是一座建筑，更是一段历史，一种文化的载体。在时间的冲刷下，乔家大院闪耀着质朴的光芒，它所体现的深厚历史文化内涵，正是我们今天要探索的主题。这座大院不仅渗透了旧时劳动人民的智慧和民俗，更是不可多得的精美建筑。让我们走进乔家大院，感受那份厚重的历史气息，领悟晋商文化的独特魅力。

知识点1 乔家大院概况

一、位置

乔家大院，位于晋中市祁县东观镇乔家堡村，是晋商的代表性建筑之一，也是中国传统文化和建筑的瑰宝。

二、历史

乔家大院最早建于清乾隆二十年（1755年），由乔家第一代掌门人乔贵发建立。

在乔贵发之后，乔家的商业事业由其孙乔致庸发扬光大，达到了乔氏家族的鼎盛时期。乔致庸为人诚信精明，深知晋商经营之道，将乔家的商业事业发展到京津、东北、长江流域等地区，使乔家大院成为当时著名的商业中心。

在乔家大院的建筑历史上，共经历了三次大的扩建。从乔家大院初建到最终格局的形成，历经了整整两个世纪，时间跨度之大，在现存古宅中极为罕见。

三、布局

乔家大院由"四堂一园"组成，因明清晋商翘楚、闻名海内外的商业资本家族乔家的宅院而得名。

四堂为在中堂（乔全美堂名）、德兴堂（乔全德堂名）、保元堂、宁守堂（乔全义堂名）；一园为乔家花园。

景区总面积24 065平方米，共18个大院，41个小院，共计731间房屋。其中主体建筑群在中堂大院占地面积10 642平方米，建筑面积4 175平方米，共6个大院，20个小院，313间房屋，是一个全封闭式城堡建筑。

四、人物介绍

创建者：第一代 乔贵发

发展者：第二代 乔全美（修建第一院）

鼎盛者：第三代 乔志庸（修建第五院）

第四代 乔景仪——次子

乔景岱——长子

乔景俨——三子

乔景僖——小儿子

五、价值

（1）1986 年被评为祁县民俗博物馆。

（2）2001 年被列为国家重点文物保护单位。

（3）被誉为北方清代建筑史上的一颗明珠，国家 4A 级旅游景区。

（4）1991 年电影《大红灯笼高高挂》和 2006 年电视剧《乔家大院》等 80 部电影、电视剧取景地。

知识点 2　晋商故里——驼铃声声晋商梦

在历史的长河中，晋商以其坚韧不拔的精神和卓越的商业智慧，成为中国商业史上的璀璨明星。他们凭借着驼铃声声，踏上了谋生和改变命运的道路，他们的故事和梦想至今仍激励着我们。

一、晋商的兴起

晋商的兴起，离不开恶劣的环境和地理条件。在艰苦的环境中，他们学会了如何与自然和谐相处，如何利用有限的资源创造最大的价值。他们从最初的农产品贸易，逐步发展到茶叶、丝绸、瓷器等高附加值商品的贸易，将商业活动延伸到全国乃至全世界。

二、驼铃声声，商路漫漫

晋商的贸易之路漫长而艰辛。他们借助马、牛、骆驼等交通工具，穿越茫茫大漠，翻越崇山峻岭，与各地的商人进行交易。驼铃声声，成为他们追求梦想的旋律。在这漫长的商路上，晋商不仅积累了财富，更积累了丰富的商业经验和深厚的文化底蕴。

三、晋商的商业智慧

晋商的商业智慧，体现在他们对市场的敏锐洞察和对风险的精准把控上。他们通过建立商业网络、发展品牌、创新金融等方式，不断提升自身的竞争力。同时，他们也注重诚信经营，以信誉赢得客户和市场的信任。这些商业智慧，直到今天仍然具有很高的借鉴价值。

晋商文化作为中国商业文化的重要组成部分，具有以下特点：

（1）晋商文化强调诚信为本，这是晋商在商业活动中坚守的基本原则；

（2）晋商文化注重勤俭自律，认为只有节俭才能积累财富；

（3）晋商文化崇尚敬业精神，认为只有敬业才能取得事业的成功；

（4）晋商文化还体现了人和人本精神、崇尚敬业精神、诚信重义精神以及开拓进取精神。

四、乔家大院与晋商文化

乔家大院作为晋商文化的代表，与晋商文化有着密切的关系。首先，乔家大院的建筑风格和装饰细节体现了晋商文化的特点。其次，乔家大院的兴衰史也是晋商文化的发展史，乔家的成功正是晋商文化在商业实践中的成功体现。

五、晋商文化的影响和启示

晋商文化对中国乃至世界的商业发展都产生了深远的影响。他们的发展历程，为现代商业提供了宝贵的经验和启示。同时，晋商的精神力量也激励着我们，无论面对多大的困难和挫折，都要坚定信念，勇往直前。

在驼铃声声中，晋商用他们的勇气和智慧书写了一段传奇。他们的故事和精神，将永远激励着我们不断前行，追求更加美好的未来。

知识点 3　璀璨民居——万里茶路通天下

乔家大院的建筑风格独特，既有北方建筑的雄伟气势，又有南方建筑的细腻精致。在建筑布局上，乔家大院体现了晋商的严谨和务实精神。同时，各种建筑装饰也充分展现了晋商的审美和文化追求。在建筑细节上，乔家大院更是将晋商的诚信和勤俭精神体现得淋漓尽致。

一、讲解路线

（1）陈展主要内容。

①乔家生活场景和建筑陈设；

②晋商故里的民俗风情；

③晋商专题文化艺术（商业文化）。

（2）"四堂一园"只开放了在中堂和德兴堂。

（3）大门——80米通道分南北两旁。

北为一、五、六，南为二、三、四（匾、联、百寿影壁），如图12-1所示。

图12-1　百寿影壁

二、分院讲解

（一）大门（匾额、楹联）

乔家大院如图12-2所示。大门的"两匾两联一图"最具价值，体现了乔家理想的家风和家族荣耀。

图12-2　乔家大院

1. 福种琅嬛

"福种琅嬛"四个大字是清光绪年间，山西巡抚丁宝铨受慈禧面谕赠送乔家的特赐匾额，

"琅嬛"是指天上的仙境，"福种琅嬛"就是把福气播种到仙境一般的乔家。

2. 古风

第二块匾是门楣上方古风匾，"古风"二字刚劲有力，古风指尊重古训，保持中国古代传统文化的淳朴风俗。它显示了乔家经商的气势和儒商融合的精髓，同时也显示了乔家崇尚文人的雅气和对古代文化风韵之向往。

3. 百寿图

大门对面的百寿图由 100 个形态各异的寿字组成，有 100 种象征意义，有的象征阴阳八卦，有的象征风雷雨电，有的象征花鸟鱼虫，有的象征五谷杂粮和空中星座等，据说这 100 个寿字的构成，包括了宇宙间 100 种与人寿命息息相关的事物。

4. 履和

百寿图上面嵌着"履和"二字，"履"就是实施，"和"为和气、和睦、和谐，"和"为中庸之道的核心，"履和"即奉行"和为贵"的做人准则。

（二）北面三院

1. 一号院：乔全美建，又叫"老院"

（1）福德祠——砖雕照壁。

照壁有遮挡视线、移步换景的作用，还有藏风纳财的寓意，示意里面的宝气出不去，外面的邪气进不来。

照壁雕刻着许多吉祥图案，梧桐树、松树、寿山石、鹿等有祝福长寿之意。鹿谐音"六"，10 只鹿一对一对合在一起，取谐音"合"，梧桐树谐音"通"，松树谐音"顺"，合在一起即"六合通顺"。福德祠和大门外的百寿图合起来便构成"门迎百寿，院纳福德"之意。

（2）"里五外三穿心院"。

第一院是在中堂最早的院子，又叫"老院"，它是乾隆年间乔贵发的儿子乔全美主持修建的。这里的布局是祁县一带典型的"里五外三穿心院"风格。里院的正房、厢房都是五开间，外院都是三开间，里外院之间由穿心过厅相连。

另外，主院的东、西厢房都是单坡顶瓦房，下雨时雨水流到自家院子，叫作"肥水不流外人田"。所有这些都反映了明清晋商长久立业的封闭观念和审美意识。

2. 五号院：乔致庸建——乔家大院的精华

（1）木雕门楼。

这个木雕门楼造型优美，上面悬挂"在中堂"匾额，门楣上雕刻"福禄寿"三星，两边对称排列有"八骏图"，门楼马头上是"麒麟送子"。下面是一副对联，"传家有道唯存厚，处事无奇但率真"，意思是教育儿孙为人处事要忠厚实在、实事求是。

（2）"里五外三穿心院"。

这个院落也是"里五外三穿心院"，是乔致庸在同治初年所建，比第一院晚了半个世纪。

院中随处可见的匾额、楹联，体现了乔家经商恪守诚信、践行诚信、学习诚信的思想。

3.六号院

乔家规划为私塾，但乔氏家族1938年因日军侵华举家外迁，遂未成愿。我们现在看到的花园是在2003年由政府出资扩修的。

乔家祠堂（通道尽头与大门遥相呼应）。

近年来，祁县政府开发了德兴堂——展示晋中民俗；保元堂——展示乔家时令生活、人生礼仪、生活风貌；宁守堂——展示晋商文化。

至此，北面院——一院、五院、六院讲解结束。

（三）南面三院

这三个大院在布局上有一个共同特点，都是二进式四合院，正院为主人居住，偏院是客房和佣仆住室及灶房。

1.第四院：展览"商贸习俗"

第四院，也叫"新院"，是民国初年乔映霞主持修建的。

乔映霞仰慕西方文明，因此对门窗式样进行了大胆的设计，全部装上了圆顶门楣和大幅的玻璃。院内的彩绘、砖雕图案也有了火车头、钟表一类的新生事物。这个院展览的是"商贸习俗"。

这个展室里是熙熙攘攘的"晋商老街"，有杂货店、茶店、绸缎庄、药店、当铺等商号，一派繁荣兴旺的商业街市景象。其余展室分别是行商、坐商、度量衡、货币票证。

2.第三院：三宝院

乔家的第一宝——花梨木"九龙屏风"，高2.7米，长4.07米，用花梨木雕成，中间用岫玉镶嵌了9条龙。除了这9条大龙外，还雕有72条小龙。据说这是皇家御物，八国联军侵占北京时，从皇宫流落到民间。

乔家的第二宝——"犀牛望月镜"，距今已有200多年的历史，属于国家一级文物。由酸枝木精雕而成，重达1吨[①]，入水即沉，配以毛光玻璃，造型独特，样式美观。圆镜代表月亮，中间是祥云，下座是犀牛。传说犀牛是一名天将，因犯天规被逐下天界，由于它很想念天宫生活，于是每到夜晚便抬头望月宫，后人称为"犀牛望月"。犀牛的谐音是"喜牛"，是大吉大利、喜从天降的吉祥物。

乔家的第三宝——"九龙灯"，号称东方奇观，现仅存两盏，它是由酸枝木雕制而成，灯高91厘米，上面有九条可以活动的龙，故称"九龙灯"。这九条龙分上下两层排列，上层4条，下层4条，每4条组成"卍"（wàn）字形，用一轴相连可使之灵活转动。卍字是四条精雕细刻的龙身，顶端便是龙头，龙头上装有蜡签，在两层卍字中间，是八棱形灯身，在8个平面上，水银镜与风光镜相间，风光镜上面画着4幅山水画。

---

① 1吨=1 000千克。

3. 第二院：乔家发展史

第二院记载了乔家的发展史。乔家的始祖叫乔贵发，从小父母双亡，家中一贫如洗。乾隆初年，乔贵发走西口来到口外后，经过艰苦打拼和异姓兄弟秦氏开设"广盛公"商铺。广盛公几经起落，后来终于有了起色，他们认为这是复兴基业的新起点，就把"广盛公"改为"复盛公"。从此，乔家的生意蒸蒸日上，遍布整个包头城。至今包头都流传着一句话，叫"先有复盛公，后有包头城"。

【导游词范文赏析】

范文1　晋商故里——驼铃声声晋商梦

尊敬的各位游客朋友，大家好！欢迎您来到山西旅游。

今天我们将要参观的是被专家学者誉为"清代北方民居建筑的一颗明珠"的乔家大院。这座典型的晋商大户人家住宅，因为张艺谋执导的电影《大红灯笼高高挂》在此拍摄而为人熟知；又因电视剧《乔家大院》的热播而为更多的人所了解。今天我们就走进这座大宅院，探知这大院背后令人心魂荡漾的故事。

乔家大院位于山西晋中祁县乔家堡村。明清时期，这里出现了一大批以经营茶叶和钱庄而致富的商人，在当时声名显赫。时光如流水，大浪淘沙，如今只有乔家屹立不倒，乔家究竟有何魔力？且听我慢慢道来。

在中国传统民居中，乔家大院承载着悠久的传闻轶事。您现在看到的大院门口上方挂的横匾"福种琅嬛"，据说是当年八国联军进犯北京，慈禧出逃西安，途经山西乔家时，乔家盛情款待，并捐赠了白银10万两，慈禧非常高兴，所以特别赐匾给乔家，有把福祉播种给乔家之意，乔家当时的显赫由此可见一斑。

说到这里，您一定会不由自主地对乔家的成功经营策略暗自佩服，认为他们做人有道，处世有方，集智慧和人格于一体，成就了乔家当日的辉煌。实际上乔家兴盛的原因还不止这些，还有严格、正统的家规家教带来的益处。

乔家"在中堂"乔致庸治家颇严，他告诫儿孙：经商之道首重信，即以信义取胜；次讲义，不以权术欺人，该赚一分赚一分，黑心钱坚决不挣；第三才是利，不能把利摆在首位。他训诫子孙立身处世，要戒掉三个字："骄、贪、懒。"他要求子孙把《朱子治家格言》作为启蒙必读书，儿孙若有过错，则责令跪在地上从头背诵，若背到针对性强的格言时，便使重复背诵几遍。他亲自拟好的对联请人写好刻好，挂在内宅门上："求名求利莫求人须求己，惜衣惜食非惜财缘惜福"，以告诫儿孙，切莫贪图安逸，坐享祖业。

乔家家规严格：不准纳妾，不准虐仆，不准嫖妓，不准吸毒，不准赌博，不准酗酒。这些家规针对的都是富家子弟最容易沾染的恶习。短短的几条家规充分体现了乔氏家族创业者的清醒认识和防微杜渐的良苦用心。而难能可贵的是，乔家后代基本上都能遵循家规戒律，洁身自好。

乔家常常把对子弟的劝诫，刻在楹联、匾额上。如乔家大院的大门两侧，镶嵌着一副铜底板对联："子孙贤，族将大；兄弟睦，家之肥。"对联寓意鲜明，字里行间透露着乔家对子弟"和合"团结的希望。大门对面为百寿图照壁，檐下居中镶嵌砖雕匾额，上面镌刻着笔力遒劲的两个大字"履和"，充分体现了主人"和气生财"的为人之道和处世哲学。

时间的江水一去不复返，总有些记忆会成为永恒。乔家大院还在，以大院为载体的文化灵魂还在，它展示过去、昭告现在、启迪未来的功能还在。今天我们品味民居，品味的不仅是它的外在，更重要的是感受它的内涵。一座乔家大院，就足以让人看透事理。接下来，就让我们走进大院慢慢参观，细细品味。

范文2　璀璨民居——万里茶路通天下

游客朋友们，大家好！今天我将带您参观被誉为"清代北方民居建筑的一颗明珠"的乔家大院。乔家大院位于山西晋中祁县乔家堡村，始建于清代乾隆年间。从布局上看，大院体现了"内外有别，长幼有序"的伦理道德观念。如果我们从高空俯视院落布局，很像一个象征大吉大利的双"喜"字。大院是一群四合院的有序组合，大院小院相套相依，高屋低房错落有致，集实用和艺术为一体，有着很高的观赏价值和借鉴价值。早在十几年前就流传着"皇家看故宫，民宅数乔家"的谚语。

眼前这座高墙深宅的大门，是砖砌拱券式门楼，它坐西朝东，上面建有高大的顶楼。乔家常常把对子弟的劝诫刻在楹联、匾额上，如大家现在所看到乔家大院的大门两侧，镶嵌着一副铜底板对联："子孙贤，族将大；兄弟睦，家之肥。"对联寓意鲜明，字里行间透露着乔家对子弟"和合"团结的希望。

大门对面为百寿图照壁，檐下居中镶嵌砖雕匾额，上面镌刻着笔力遒劲的两个大字"履和"，充分体现了主人"和气生财"的为人之道和处世哲学。

请大家跟我迈进这深宅大院，一睹昔日豪门风采。面前这条长80米的甬道，将六个大院分隔在南北两旁，今天我们主要参观北面三个大院。

进入第一院的大门，一股古朴的气息扑面而来。大家看这砖雕影壁——福德祠，和百寿照壁共同印证了"门迎百寿，院纳福德"的吉祥含义。第一院是在中堂最早的院子，又叫"老院"，它是乾隆年间乔贵发的儿子乔全美主持修建的。这里的布局是祁县一带典型的"里五外三穿心院"，里院的正房、厢房都是五开间，外院都是三开间，里外院之间由穿心过厅相连。另外，主院的东、西厢房都是单坡顶瓦房，下雨时雨水流到自家院子，叫作"肥水不流外人田"。

我们首先看到的外院的下东房是乔家的客厅，中间墙壁上挂着一幅八扇屏——《文昌帝君阴骘文》，出于大书法家傅山之手，主题是规劝人们要行善积德，学好去邪，这也是乔家经商治家和与人交往的总信条。外院下西房是乔致庸最小的孙子乔映南青年时居住的地方。里院正房是二层楼房，楼上只有窗没有门，叫作筒楼。我们进屋内参观，这里布置成乔致庸的居所。中间是宽敞的会客厅，书房在左、卧室在右。会客厅正中悬挂"汇通天下"巨匾（图12-3），两边是民国时期的原版地图，把乔家商业风行天下、胸怀坦荡的情怀表现得淋漓尽致。乔致庸精明能干，执掌家业时，买卖越做越发达，为乔氏家族的商业鼎盛立下了汗马功劳，真正实现了"汇通天下"。

图 12-3 会客厅

接下来我们走进第五院参观，进入之后抬头映入眼帘的就是"在中堂"匾额，"不偏不倚，执两用中"得名"在中"。门楣中间是福星，两边是童子，这道门就叫福星门，寓意福星高照。外院的下东房是乔家商务总事处，下西房是乔映南的居室。

进入里院我们看到这进院落红灯高挂、气势恢宏，这是乔家著名的"明楼院"，与第一院明显的区别是二楼有门有窗，宽敞通透，院中的砖雕木雕令人目不暇接。上东房展示的是乔映霞和他夫人杨氏的居室。乔映霞是乔景仪的儿子，人称"成义财主"。大家请看，明楼院上也有一匾额，上书"光前裕后"，意为光耀祖宗，造福后代。正房是乔景仪夫妇的居室、客厅、书房。乔景仪是乔致庸的次子。在乔家，他的品级最高，官至二品，虽未实授却因此结交官府，常往来于京晋两地，使票号获利丰厚。

走出第五院，甬道尽头与大门遥遥相对的是乔家祠堂。祠堂旁的这个院子是第六院，乔家规划为私塾，但乔氏家族1938年因日军侵华举家外迁，遂未成愿。我们现在看到的花园是在2003年由政府出资扩修的。

走出乔家大院，您脑海里或许是在回忆乔氏家族的奋斗史，或许还沉浸在晋中新人婚礼的热闹氛围中。我们回忆古人的辉煌不是思想的倒退，而是要让他们的身影映照我们前行的道路。一座大院承载着几代人创业致富的艰辛，承载着对后人殷切的期盼，承载着对一对对新人的美好祝福。大院饱含人间最真挚的情感，也静待您的探访。

【讲解情景模拟实训】

乔家家风

一、实训目标

（1）通过模拟讲解训练，熟知乔家大院的历史背景和建筑风格。

（2）能够分析乔家大院的建筑特色，并理解其历史文化意义，完成导游词创编。

（3）结合基本讲解方法，通过教师示范，掌握具体讲解方法，并通过分组和角色扮演进行讲解实训，亲身感受讲解过程，体会讲解导游词的感受。

二、实训步骤

（1）教师介绍常用的几种导游讲解方法并进行示范性讲解。

（2）学生分组模拟多种旅游团（如商务团、学生研学团、老年团等），每人依次进行导游讲解练习。

（3）每个学生按照参加全国导游口试标准，讲解8分钟导游词，4分钟专题，小组成员扮演游客予以配合。

（4）填写实训报告，回答相关问题。

三、问题思考

（1）请在5分钟内即兴讲述乔家大院的历史背景和建筑风格。

（2）请简述晋商文化给我们的影响和启示。

（3）请简述乔家大院与晋商文化的关系。

【技能拓展与延伸】

（1）山西的大院文化是山西的特色，是中国民居建筑的典范，素有"北在山西，南在安徽"之说。不同的家族有着不同的特点和优势，同时也反映了各地区的生活状况和文化习俗。你知道山西的乔家大院、王家大院、李家大院等大院文化在建筑风格、历史文化意义上有什么异同吗？请查阅相关资料，写出你的答案。

（2）根据所学知识与技能，分组进行合作探究活动，围绕山西地区其他的大院文化（如王家大院、李家大院）进行导游词创新编写，挖掘旅游资源，进行导游讲解，然后拍摄成视频资料，在班级群内（或专业网站）进行互动交流，展示山西的大院文化。

任务十三　平遥古城模拟讲解词实训

【学习目标】

1.素养目标

（1）认同和追求精益求精、追求卓越的工匠精神；在模拟讲解实训中，要不断追求完美，对每一个讲解环节都进行精细打磨，力求做到最好。

（2）学习并传承诚信文化，将诚信作为自己未来职业生涯中的核心价值观。

（3）增强民族自豪感，坚定文化自信，厚植家国情怀，热爱家乡，讲好家乡故事。

2.知识目标

（1）熟知平遥古城的历史沿革、概况及主要看点（如古城墙、街道、商店、民居、镇国寺、双林寺）。

（2）熟知晋商的起源、发展及历史意义。

（3）通过模拟实践，学习平遥古城景区导游讲解服务技巧，学习导游词创作技巧。

3.能力目标

（1）能够运用恰当的语言对平遥古城景区进行分析和描述，把握古城及晋商的魅力。

（2）培养景区导游服务及撰写导游词的能力和技巧。

（3）养成仔细观察、善于辨别、勤于思考的习惯，努力提高导游词编创水平。

【引言】

走进平遥古城，

横亘绵延的城墙，

青石铺就的深巷，

翘檐凌空的市楼，

古朴典雅的客栈，

300多处遗址、古建筑，

近4 000座保存完整的明清民宅。

晋商曾纵横欧亚九千里，

称雄商界五百年。

这座"活着"的千年古城，

不断演绎着，

明清时期汉民族城市范例的精彩画卷。

知识点 1　平遥古城的历史沿革

平遥古城始建于西周宣王时期（公元前 827—公元前 782 年），为西周大将尹吉甫驻军于此而建，距今已有 2 800 多年的历史。

春秋时属晋国，战国属赵国。

秦朝时废除封国，实行郡县制，设置平陶县，属太原郡。

西汉时增置京陵、中都二县，与平陶县并属太原郡；新朝、东汉时平陶县未变；三国时归魏国，并州统辖，属西河郡；西晋时归太原国。

北魏始光元年，为避太武帝（拓跋焘）名讳，更名平遥县，属太原郡；后移置京陵县内，改京陵县为平遥县；再后来平遥归东魏、北齐、北周范围。

明朝初年，为了防御外族南扰，开始修建城墙，明洪武三年（1370 年）在墙垣基础上重筑并且扩修并全面包砖。以后各代进行过十次修葺，更新城楼，增设敌台。

康熙四十三年（1704 年）因皇帝西巡路经平遥而筑了四面大城楼，使得城池更加壮观。平遥城墙总周长为 6 163 米，墙高约 12 米，把面积约 2.25 平方千米的平遥县城划分为两个风格迥异的世界。城墙以内的街道、铺面、市楼保留了明清形制，城墙以外称为新城。古城古代与现代建筑各成一体。

知识点 2　平遥古城的建筑风格及特色

一、平遥古城墙

1. 规模、概况

平遥古城墙（图 13-1）呈方形，高 10 米左右，周长 6 163 米，墙身素土夯实，外包砖石，墙基底宽 9~12 米，顶宽 3~6 米，墙顶外侧筑 2 米高的垛口墙、内侧一般为 0.6 米的女儿墙。平遥城墙有环城六道城门，南北各一、东西各二，并且六座城门外均筑有瓮城，城周共筑有垛口 3 000 个，敌楼 72 座，隐喻孔子三千弟子、七十二贤人。

图 13-1 平遥古城墙

2. 古城龟制

按照相传的"山水朝阳，龟前戏水，城之修建，以此为胜"的说法，取神龟"吉祥长寿"之意，筑为"龟城"。

南北门象征乌龟的头尾，上下东门及上下西门象征乌龟的四足。古城完好保存着明清的四大街、八小街、七十二条蚰蜒巷的平面格局，这象征着龟背的寿纹。

据说，平遥古城是一头正欲向南爬行的灵龟，为了不让它带走灵气，设计者便把下东门的瓮城城门与十里外慈祥寺麓合塔同建在一条直线上，这就象征着用一条想象中的大绳将灵龟左后腿拴在这座麓合塔上。从御敌角度来看这似乎欠妥，但是灵龟就可以永留于此了。

3. 城防设施

城门：既是进入城池的关口，也是维系全城安全的关键。战时是攻守的重点，是城防中的薄弱环节，建造时必须坚固。

瓮城：瓮城早在商代就已出现，因为大多状似大瓮所以形象地称之为"瓮城"。瓮城是军事防御体系中重要的建筑，也隐含如果敌人进入瓮城便来个"瓮中捉鳖"的寓意。

墩台：凸出墙外的部分，也叫"墙台"，宋代称"马面墙"，明清时称"墩台"。设计匠心独具，使城墙稳固，可容纳将士，增强防御功能。城墙脚下是防御的死角，有了墩台，就可以弥补这个不足，从三面组成一个强大的立体射击网，城防力量大大加强。

敌楼：又称"堞楼"，指墩台中央的两层小楼，共72座。可用于储存擂石、烟火弹药、器械物资等，既可供士兵登高瞭望敌情，也可供士兵遮风避雨、歇息。

堞楼里把"兵圣"孙子的兵法语录石刻镶嵌墙上，从而使壁垒森严的城池透露出不怕战争、追求和平的文明气息，显露出中华民族亲和、先礼后兵的自信境界。

城楼：城墙的制高点，是登高瞭敌、指挥作战的地方。

角楼：位于城墙四周拐角处，可供防御者登临瞭望。

女儿墙：位于城墙里侧，高约0.6米的护墙，为保证士兵的安全而建，无御敌功能。

魁星楼：位于平遥城墙东南角。登临此楼，既可俯视文庙全景，也可展望古城雄墙。魁星为北斗七星中的第一星，道家称天罡星，是主宰科举文运的星辰。

二、明清古街

明清古街也称为明清一条街，位于平遥古城南大街，是古时繁华的商业街之一，如图13-2所示。750多米长的古街，自古以来就是平遥县最繁华的商业中心。如今，这条不长的古街上还完整地保存着明清时期的店铺遗迹，紧密连缀着包括票号、钱庄、当铺、药铺、肉铺、绸缎庄等当时各种行当的店铺，而现今游客除了可以在这里买到平遥土特产外，还可以买到特色小吃和纪念品。

图13-2　明清古街

三、平遥古民居

平遥古城地势平坦、街道规整，四合院的横向联合或纵向扩展都有良好的地理条件。多种多样的四合院群体，为居民的合家聚居提供了良好的物质条件。产生于古代宗法和礼教制度下的平遥古民居，以"礼"为本，讲求方正，纵轴强烈，均衡对称。在房舍的配置上，长幼有序，尊卑有别。所有民居都是外观封闭的一进院、二进院、三进院、三合院、四合院及其组群。平遥古民居基本保持了明清时期的风貌，还都居住着居民。

由于晋中地区干旱少雨，房屋形式均是单坡屋面，这样雨水就可以顺着屋檐流入狭长的小院中，院中设水缸储水，也有预防火灾的用途。梁思成形容平遥的建筑是"外雄内秀"，外部高墙耸立，内部院落清秀狭长。与北京四合院的大气开阔截然不同，仿佛更多了一些江南的味道。

院落的墙、门、额、枋饰以精美的雕刻，有喜鹊登梅、合和二仙、桃园结义、鹿鹤同春、松鹤延年等吉祥图案，并以"白菜"象征"百财"、以"牡丹"象征"富贵"、以"葡萄、石榴"象征"多子多福"。还有福禄寿禧"四吉"、琴棋书画"四艺"、渔樵耕读"四业"，无不寄托着主人对美好生活的向往和期盼。

"甘其食，美其服，乐其俗，安其居"，传统文化在每个院落中薪火相传。

四、平遥县衙

平遥县衙位于平遥城内西南部，据说县衙始建于北魏，明清时期都曾对县衙进行增建和改造，距今已有600多年的历史，是中国保存完整、面积最大的县衙署，如图13-3所示。走入县衙大门，就犹如经历了一趟穿越岁月时空的旅行，平遥县衙历尽沧桑维持了几个世纪的古城秩序，折射出中国古代的官署文化。

图 13-3 平遥县衙

五、双林寺彩塑

双林寺在山西省平遥县城西南7千米处的桥头村村北，原名"中都寺"，始建时间因年代久远难以考证。北宋时为纪念佛祖释迦牟尼"双林入灭"之说，改为双林寺。重修于北齐武平二年（571年），距今已有1400多个春秋。

整个寺庙建筑古朴大气，氛围素雅宁静，寺中的唐槐、宋碑、明钟以及彩塑和壁画交相辉映，构成一方胜景，被联合国教科文组织称为"真正的、独一无二的珍宝"！就是这样一座宝藏寺院，方寸之地，却坐拥2000多尊形态各异的精美彩绘泥塑，这些彩塑同样为明代寺院重建时所造，大部分保留完整。它们继承了中国唐代以及宋、辽、金、元彩塑的优良传统，艺术价值极高，堪称中国明塑中的佼佼者，享有"东方彩塑艺术宝库"的美誉。双林寺彩塑如图13-4所示。

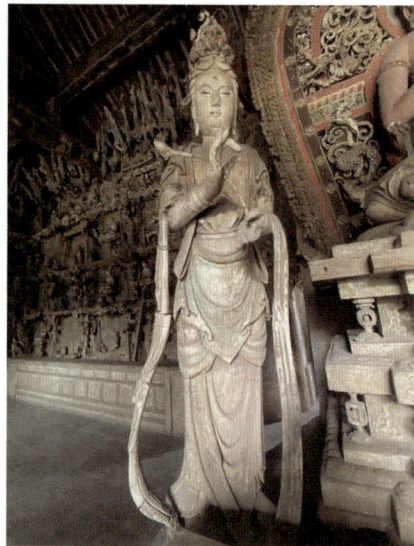

图 13-4 双林寺彩塑

双林寺精美的彩塑中，近年来最出彩的，莫过于被誉为"天下第一韦驮菩萨"的造像，其扭动的身姿、灵动的眼神所展现出的"刚中有柔、武中蕴文、威而不悍、机智勇猛、浑身是力、身如强弓、不动之动"气质，备受人们喜爱，经常被各类书籍和宣传材料用作封面。

1997年12月3日，双林寺与平遥古城、镇国寺一同由联合国教科文组织世界遗产委员会表决通过列入《世界遗产名录》。

六、日昇昌

中国第一家票号——日昇昌，坐落于"大清金融第一街"平遥古城西大街的繁华地段。清道光三年（1823年），平遥"西裕成"颜料庄大掌柜雷履泰向东家李大全建议，将颜料庄改为专营银两汇兑和存放款业务的票号。李大全采纳了雷履泰的建议，出资30万两白银，在平遥西大街成立了我国历史上第一个专营银钱异地汇兑的字号——日昇昌票号，由此揭开了我国金融业的新纪元，是中国现代银行的开山鼻祖。从清道光初年（1821年）成立票号到歇业，历经100多年，曾经"执中国金融之牛耳"，分号遍布全国35个大中城市，业务远至欧美、东南亚等国，以"汇通天下"而著名，被余秋雨先生誉为中国大地各式银行的"乡下祖父"（余秋雨《抱愧山西》）。就是这样一座小小院落，开中国民族银行业之先河，并一度操纵19世纪整个清王朝的经济命脉。

日昇昌在全国近20个省开办过35个分号。在票号发展的鼎盛时期，山西平遥、祁县、太谷三县打造的金融集聚区被誉为"中国的华尔街"，成为全国金融调拨中心，商业版图集中在黄河流域并向外辐射，一度控制了清朝的金融命脉。当时全国的票号共51家，其中设在山西的有43家，设在平遥的有22家。全国票号的分号有600余家，平遥的分号就有400余家，遍布国内外110多个城镇码头。

晋商"纵横欧亚九千里，称雄商场五百年"的辉煌，是与其传承的精神信仰分不开的。日昇昌的很多掌柜都饱读诗书，儒家的"仁义礼智信"一直是他们秉持的经营理念。

【导游词范文赏析】

范文1　晋商源头——西周古城瞰天下

各位游客，大家好！欢迎来到山西，我是您今天的导游，希望我的讲解能让您满意，也预祝大家旅途愉快。

一砖一瓦一古城，一楼一阁一平遥。如果将丽江比作一位纯美的少女，那么平遥就是一位底蕴深厚的乱世佳人。

这座处于山西中部的古老县城，保存着现今中国最完整的城墙，保留着3000多处明清时期的院落。同时，这里还是100年前中国的金融中心。1997年，平遥古城被列入《世界遗产名录》。

要诉说这座古城的历史，则要上溯到2800年前。当时的周王朝大将尹吉甫，为抵抗北方游牧民族的侵扰，在此驻军，修建夯土城垣。他可以说是平遥古城的缔造者。

现在呈现在我们面前的城墙，全长6163米，城墙高达12米，墙底宽9~12米，墙顶宽3~6米，规模大且保存完好。

我们现在来到的是瓮城，六座城门之外，都有一个方形的区域与城墙齐高，并设内外两门。战斗时即可放入一定的敌人，随后将两门关闭，由上方投石掷器，将瓮城内的敌人迅速消灭，这隐喻着，敌人一旦进来，便来个瓮中捉鳖，所以形象地称之为瓮城。

好了，请大家随我登上城墙，我们可以看到城墙上里外各有一道矮墙，里侧这道叫作女儿墙，为什么叫女儿墙呢？宋代《营造法式》上这样解释："言其卑小，比之于城，若女子与丈夫也。"

大家请看，城墙每隔60~100米，就有一个向外突出的部分，这叫作墩。我们知道，古代攻守城池的主要武器是弓箭和弩机，上面既可射下去，下面也可射上来，因此守城的士兵轻易不敢探出身去。这样，城墙脚下成了防御的死角。有了墩台，就可以弥补这个不足，从三面组成一个强大的立体射击网，城防力量大大加强。在每个墩台上，还修有一座敌楼。上面有孔，也是为观察和射击用的。令人叫绝的是平遥古城的设计者一共设计了3 000个用于射击的垛口和72座敌楼，象征孔子的三千弟子和七十二贤人。在这样庞大的军事设施上体现出浓厚的儒家思想，隐含着古代人们厌恶战争、祈求和平的理想。

游客朋友们，在当地，平遥古城还有龟城的美誉。古城大致呈正方形，六道城门以及外凸的瓮城，象征灵龟的头尾和四肢。全城以东西南北四条大街为中线，纵横交错八条小街，七十二条蚰蜒巷。这构成了形似龟甲上的八卦图案格局，龟象征吉祥、安宁、长寿，人们希望古城像灵龟一样金汤永固，长治久安。而城中心那座高达18.5米的市楼便是灵龟的心脏。市楼屋顶用黄绿两色琉璃瓦铺盖，花纹南呈双喜字，北呈寿字，表达了平遥人民美好的愿望，这可以说是古城构思的画龙点睛之作了。

平遥，虽不是军事重镇，也不是天险关隘，但它却是一座活着的古城，这里平淡中蕴藏着神秘，厚重中彰显着博大。仰望平遥，辉煌与落寞，让这位底蕴深厚的乱世佳人，历经成败而宠辱不惊，绵延千年却光芒依旧，愿此番对平遥的游历能成为您最美好的回忆！

范文2　银行鼻祖——汇通天下一纸风行

晋商驰骋中国商海500年之久，贯穿明清两个朝代。明朝晋商以盐业经营积累财富，无限风光。而晋商最为辉煌的时刻是清代首创票号，缔造了庞大的白银帝国。

"有麻雀的地方，就有山西商人。"一个个荒芜的小村，因为晋商的落户和细心经营，变成了一个个商贸重镇。也正是因为晋商的遍布天下，才孕育出这汇通天下的票号——日昇昌（图13-5）。

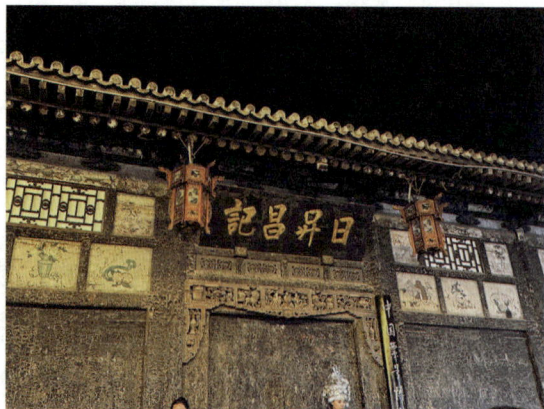

图13-5　日昇昌

日昇昌票号的前身是平遥李大全开办的西裕成颜料庄。1823年，一名叫雷履泰的大掌柜，独具慧眼抓住了商人们金融不便的商机，将颜料庄改为专门经营存款、放款、汇兑业务的私人金融机构，创办了中国金融鼻祖——日昇昌，取意如日东升，生意昌盛。一切如其所愿，上海、汉口等商贸重镇设有 40 多家分行，覆盖了整个中国。一纸汇票兑天下，结束了白银携带不便的难题，也给了在外闯荡游子一路的平安。

今天，就让我们一起走入这座有百年辉煌历史的票号博物馆。它朴实无华，貌不惊人，很难想到这里就是曾经在中国金融业叱咤风云百余年、汇通天下的日昇昌票号的总部。

请大家随我走进柜房，它类似于现在的银行营业大厅，客户先到东柜房办理存款、取款、汇兑等业务，然后到西柜房收支现银。大家请看柜台上这一旧物，它叫"戥子"，也就是称重量的天平。当年日昇昌日进斗金，吞吐万贯的大笔现银就是通过这小小的戥子流进流出的。

有人可能会问，这样提取现银安全吗？当时，精明的雷履泰为了保证不发生使用假票、伪票，冒领款项的事情，创立了一套巧妙的防伪方法。第一，水印防伪。各家票号的汇票要用专业纸，统一在平遥印制，上印红格绿线，内加水印，日昇昌票号的汇票纸竖起来对准有亮光的地方一照，就会发现纸的四角上有四个字——"日、昇、昌、记"。第二，书体防伪。中国的毛笔字千变万化，不易伪造，正是利用这个特点，汇票要专人书写，利用书写人独有的字迹防伪。第三，印章防伪。票章一般有方形、菱形两种，大多采用微雕的方法。日昇昌会刻制质地精良、图案精美的印章，按不同要求加盖在不同的票据上。第四，汉字密押。密押是书写在汇票纸背面用以防伪的文字，类似于我们今天的密码，月记密押代表月份，日记密押代表农历的日期，数字密押代表数值，银两单位密押代表白银的计量单位，而对自密押则是额外增加的双重密押，以确保万无一失。日昇昌经营了 95 年，就换了 300 套密押。通过这些防伪措施，日昇昌票号经营百年从未发生一起误领、冒领事件。

晋商除了恢宏的票号，还抓住了中俄贸易友好的商机，开辟了从武夷山到圣彼得堡的万里茶路，这条商道穿越中、蒙、俄内陆腹地，延绵 13 000 千米。正是这道茶路推动着沿途的经济发展，成为亚欧大陆经济和文化交流的大动脉。

清代晋商成为中国经济史上最为浓墨重彩的一笔。晋商如何能创造这般辉煌，相信每一个喜欢历史的人都有过深度的思考。人们欣赏他们信誉至上、诚实守义的经商作风，赞美他们乐善好施、热心公益的高尚品德，而我更敬佩他们穷则思变的智慧和开拓进取的精神。晋商传递给我一种力量，让我不禁为之喝彩，又被其鼓舞，这种力量名叫自强不息，敢为天下先。

【讲解情景模拟实训】

中国古代的四大商帮

一、实训目标

（1）通过模拟讲解训练，熟知平遥古城的历史沿革、概况及特色看点。

（2）熟知晋商发展史，完成导游词编创。

（3）结合基本讲解方法，通过教师示范，掌握具体讲解方法，并通过分组和角色扮演进行讲解实训，亲身感受讲解过程，体会讲解导游词的感受。

二、实训步骤

（1）教师介绍常用的几种导游讲解方法并进行示范性讲解。

（2）学生分组模拟多种旅游团（如商务团、学生研学团、老年团等），每人依次进行导游讲解练习。

（3）每个学生按照参加全国导游口试标准，讲解 8 分钟导游词，4 分钟专题，小组成员扮演游客予以配合。

（4）填写实训报告，回答相关问题。

三、问题思考

（1）请在 5 分钟内即兴讲述平遥古城的概况和布局。

（2）请简述双林寺的彩塑美学特色。

（3）请简述晋商是如何崛起的。

【技能拓展与延伸】

（1）晋商是如何发展起来的？在曾经的世界经济版图中发挥着怎样的作用？又是如何走向衰败的？请查阅相关资料，写出你的答案。

（2）根据所学知识与技能，分组进行合作探究活动，围绕平遥地区的其他人文景点进行导游词创新编写，挖掘旅游资源，进行导游解说，然后拍摄成视频资料，在班级群内（或专业网站）进行互动交流，展示其发展美、人文美、和谐美。

任务十四 洪洞大槐树模拟讲解词实训

【学习目标】

1. 素养目标

（1）认识到洪洞大槐树作为华人寻根祭祖圣地的重要性，了解不同文化背景下人们对"根"的认同和追求。

（2）在讲解过程中融入家国情怀，深刻理解每个景点背后的历史故事、民族精神和家国情感，激发对国家和民族的深厚感情。

（3）关注讲解过程中的每一个细节，以高品质的服务赢得游客的认可。

2. 知识目标

（1）熟知洪洞大槐树的背景资料、景点要素及独特的民族风情。

（2）积累和熟知洪洞大槐树历史资料及移民的历史意义。

（3）通过模拟实践，学习景区导游讲解服务技巧，学习导游词创作技巧。

3. 能力目标

（1）能够运用恰当的语言对洪洞大槐树景区进行分析和描述，重点讲解"根"字影壁、迁民壁画、碑亭。

（2）培养景区导游服务及撰写导游词的能力和技巧。

（3）养成仔细观察、善于辨别、勤于思考的习惯，努力提高导游词编创水平。

【引言】

游人似云，看官者民者富者贫者俱进高香，须知鸦反哺羊跪恩，长献爱心承祖荫。

槐裔如浪，叹成也败也兴也衰也皆许美愿，应悟水溯源叶寻根，多积善行得天功。

知识点 1 德孝文化——这里是故乡

"走遍千山万水，所有的旅行都是出发，只有到了临汾咱才是回家。"为什么到了临汾就是回家呢？这要提起中国历史上非常重要的一次大移民，那就是明朝大移民，那是一次规模空前的官方大移民，从明初朱元璋洪武三年（1370年）起，到朱棣永乐十五年（1417年）

止，近50年之久。据正史记载，仅官方组织的大规模集体移民就有18次，迁民人数达百万之多，无论是从时间上、地域范围上、组织规模上，还是迁民人数上都达到中国移民史上的顶峰。

洪洞大槐树（图14-1）是一个闻名海内外的明代迁民遗址，这里曾是中国历史上规模最大、时间最长、范围最广的移民地，数百年来被人们作为识别家乡的标志，被当作另一种意义的"家"，称作"祖"，看作"根"，成为亿万华夏儿女的梦中故乡。

图14-1 洪洞大槐树

一、导致大规模移民的主要原因

移民主要是因为战争和自然灾害两个因素。元末明初大的战争有两次：一次是元末的农民起义；另一次是明成祖发起的"靖难之役"。古代战争都是使用冷兵器，胜负的标准就是攻城略地和杀死敌兵人数的多少。中原是所有封建王朝统治的根基，是兵家必争之地，战争导致人口锐减，特别是男壮丁大量减少，而水、旱、蝗、疫等灾害的连年发生使中原很多地方颗粒无收，饥民、灾民大片死亡。据《元史》记载，元末的水旱蝗灾，山东发生了十九次，河南十七次，河北十五次。

明成祖发起的"靖难之役"也与中原人口的减少有着必然的联系。当时建文帝在南京，而朱棣在北京，朱棣从北向南打，建文帝从南向北打，来来回回在中原打了四年的拉锯战，使得中原人口又一次大量减少。朱棣对这种情况甚为了解，所以他迁都北京后延续了朱元璋的移民政策，又多次组织了大规模的官方移民。

二、禽鸟恋故枝，乡土人难离

移民对于当时的百姓来说，是一件痛苦至极的事。人们被迫离开温暖富足的家乡，迁徙未知的他乡。但在当时，这是统治者恢复战后中原社会经济的必由之路，具有前瞻性、战略性，其功绩是为后世所称赞的。而大槐树移民之所以闻名于世，不仅仅因为它是一部移民的血泪史：人数多、范围广，迁民规模达历代迁民之最，其伟大意义更在于它对中原地区的开发和对中华文明的重塑。

相传第一次迁民，尽管明朝政府给了百姓一系列的优惠条件：给地 15 亩，耕牛一头，三年不征税等，但人们还是不愿外迁。俗话说，金窝银窝都不如自家的土窝。况且山西人的个性比较守家，安居乐业的生活人人都渴望，所以稍加思考就会明白，谁会愿意割舍殷实富足的生活去一个一片荒芜的地方？于是当时朝廷就想了一个办法，在洪洞的四周大量张贴迁民告示："凡不愿外迁者，必须在三天之内，赶到广济寺旁大槐树下报名登记，愿意外迁的人可以在家等候消息。"人们知道了这个消息后，就纷纷拖家带口、扶老携幼来到大槐树下。到了第三天，大槐树下已集中了几十万人，突然，一大队官兵包围了老百姓，一个官员宣读圣旨："凡来大槐树下者，一律外迁。"命令下达后，人们都惊呆了，不久就醒悟过来，知道他们上当受骗了，但为时已晚。老百姓都在哭喊，还有许多人折槐树枝作为永久的纪念。以后十多次的迁民就不能再欺骗老百姓了，于是采取了强制性的手段，大槐树的旁边有张桌子，那里就是官府强迫人们登记，并发放"凭照川资"的地方，相当于现在办理户口迁移证的地方。

当时的移民是政府的强制行为，虽然给了很多优惠条件，但要让人们离开祖祖辈辈生活的地方，他们是多么的不舍啊！于是不少移民从大槐树下动身时，不是纷纷折槐枝带在身边，就是捧一把槐种揣在身上，他们把对家乡的情感、对亲人的留恋，都倾注在这小小的槐枝、槐种上。

知识点 2　根祖文化——寻根问祖大槐树

明代移民遗址山西洪洞大槐树祭祖园，是海内外数以亿计的大槐树移民后裔寻根祭祖的圣地。

大槐树根祖文化是以明初大移民为背景，大槐树为图腾，洪洞地方文化为渊源，移民史实和纪念移民为主线，以维系宗亲之情为精髓的文化现象。慎终追远、明德归厚是中华民族的传统美德。大槐树根祖文化源远流长，具有强大的民族凝聚力和社会整合力，保护和弘扬洪洞大槐树根祖文化，对增强海内外华人的民族认同感和民族凝聚力有着重要的作用和意义。

古大槐树遗址的碑亭

碑亭虽不大，但雕梁画栋，飞檐斗拱，结构严整，精巧玲珑。亭中竖立青石碑一座，高一丈①零五寸②（约为 3.5 米），宽二尺③四寸（约为 0.8 米），碑冠篆刻"纪念"二字，石碑的正面镌刻"古大槐树处"五个隶书大字，笔迹端庄雄劲。石碑的背面刻有叙述迁民事略的碑文。

这座"古大槐树处"碑亭就建在第一代大槐树的遗址上，虽然第一代大槐树已不复存在，只能以碑代树，但在它的东侧又滋生出了第二代、第三代大槐树。碑亭的东边有一堵石砌的高崖，崖上有一株干枯高大的古树，这就是第二代古大槐树，1974 年被巨风刮倒，政府又拨款整修，用钢筋水泥加固。现在第二代的槐树已滋生出了第三代槐树，枝叶繁茂，正是兴旺时期。相信这里的大槐树会一代接着一代，世世代代繁衍下去。

【导游词范文赏析】

范文1　德孝文化——这里是故乡

寻根洪洞自天涯，大槐树下即吾家，战乱当年悲离别，聚首今日话桑麻。

朋友们，欢迎您来到洪洞大槐树祭祖园！它是全国以"寻根"和"祭祖"为主题的唯一民祭圣地。虽然祭祖园隐身在一座小县城里，但不论是寒冷的冬日还是炎热的夏日，前来参观的游客都络绎不绝，有的赋诗题词抒发饮水思源之幽情，有的仰望古槐盘桓眷恋久久不肯离去。因为这里是天下华人共同的"老家"。

明朝初年，为了满足封建王朝统治者的统治需要，在山西洪洞开启了中国历史上时间最长、范围最广、人数最多的移民行动。洪洞移民是中国历史上有组织、有计划的最大规模的一次官方移民。山西作为这次移民的重点省份，共有 50 多个县都在名单中，主要迁往河北、河南、山东、安徽、北京等地，涉及今天 18 个省、500 多个县市。

走进祭祖园，请看影壁上这个"根"字，它左边是木，代表"树高千丈，叶落归根"，这充分说明了中国人对自己根的眷恋之深，并且它隐含象形，写出来就像一个人昂首甩臂走路的样子，象征着移民后裔纷至沓来急切回到家乡的场景，而根字的最后一笔又像一个人正在迈步行走的脚，象征着移民先祖久久不肯落下的沉重步伐。

那山西为什么会成为移民的重点省份呢？这是因为山西地势复杂，易守难攻，元末起义军虽多次攻进山西但屡屡败北，独特的地貌客观上让山西避免了长期战乱。再加上风调雨顺，连年丰收，社会安定，经济繁荣，当时山西人口达到 400 多万。于是，紧靠政治中心的山西，便成了移民重点迁出地。600 多年来，那些移民后裔，一直把大槐树作为铭记故土的标志和精神图腾。无论走了多远，想起故乡自会想起洪洞的这棵古槐。

那当时的大移民是怎样一种场景呢？今天我们通过壁画的形式进行了复原。

---

① 1 丈 =3.33 米。
② 1 寸 =0.0333 米。
③ 1 尺 =0.333 米。

大家请看，眼前的这幅壁画叫作"迁民图。"讲述了移民之初，面对不愿外迁的人民，朝廷想了一个"损招儿"，大量张贴迁民告示"凡不愿外迁者，必须在三天之内赶到广济寺旁大槐树下报名登记"。人们听说后，纷纷拖家带口、扶老携幼来到大槐树下，到了第三天大槐树下已集中了几十万人，有官员宣读圣旨："凡来大槐树下者，一律外迁。"命令下达后，人们都惊呆了，这才明白上当了。您看壁画上大槐树旁边的那张桌子，就是官府强迫人们登记，并发放"凭照川资"的地方。

移民们从大槐树下动身时，不是折根槐枝，就是捧一把槐种揣在身上。无论他们迁到哪里，都会把从山西带来的槐枝、槐种栽植在院子里，让后人永远铭记自己是山西大槐树的后人。

如今，当年的大槐树早已不复存在，只能以碑代树，但在旁边又滋生出了第二代、第三代大槐树，枝繁叶茂，苍劲有力，这里的大槐树（图 14-2）像极了华夏儿女，一代接着一代地传承下去。

图 14-2　大槐树

"问我祖先在何处，山西洪洞大槐树。祖先故居叫什么？大槐树下老鹳窝。"600 年前，我们的先祖在这里三步一回头，依依不舍地走上了离乡路。今天，我们站在这片黄土地上回首这些过往，让历史的力量激励我们前行。正如这副楹联所述："开疆拓土筚路蓝缕启山野，报本溯源铭功昭德兴中华。"

范文2　根祖文化——寻根问祖大槐树

各位游客朋友，大家好！欢迎大家来到洪洞大槐树参观游览。我是此次洪洞大槐树之行的导游，很荣幸陪同大家一起参观游览，下面将由我来为大家讲解洪洞大槐树。

古大槐树，又称洪洞大槐树，位于洪洞县城西北 2 千米贾村西侧的大槐树公园内。这里虽然没有什么宏伟的建筑，但是无论严寒的冬天，还是酷热的炎夏，前来参观的游客都络绎不绝。

　　元朝末年，元政府连年对外用兵，对内实行民族压迫，加之黄淮流域水灾不断，饥荒频仍，终于激起连绵十余年的红巾军起义。元政府予以残暴的镇压，争城夺地的殊死之战时有发生，两淮、山东、河北、河南百姓十亡七八。元末战乱的创伤未及医治，明初"靖难之役"又接踵而至。冀、鲁、豫、皖诸地深受其害，几成无人之地。在元末战乱时，蒙古地主武装察罕贴木儿父子统治的"表里山河"——山西，却是另外一种景象，相对显得安定，风调雨顺，连年丰收，较之于相邻诸省，山西经济繁荣，人丁兴旺。再者，外省也有大量难民流入山西，致使山西成了人口稠密的地区。明朝灭亡元朝后，为了巩固新政权和发展经济，从洪武三年（1370年）至永乐十五年（1417年），近五十年间组织了八次大规模的移民活动。晋南是山西人口稠密之处，而洪洞又是当时晋南最大、人口最多的县。据记载，明朝时在洪洞城北2千米的贾村西侧有一座广济寺，寺院宏大，殿宇巍峨，僧众很多，香客不绝。寺旁有一棵"树身数围，荫遮数亩"的汉槐，车马大道从树荫下通过。汾河滩上的老鹳在树上构窝筑巢，星罗棋布，甚为壮观。明朝政府在广济寺设局驻员集中办理移民，大槐树下就成了移民集聚之地。晚秋时节，槐叶凋落，老鹳窝显得十分醒目。移民们临行之时，凝眸高大的古槐，栖息在树杈间的老鹳不断地发出声声哀鸣，令别离故土的移民潸然泪下，频频回首，不忍离去，最后只能看见大槐树上的老鹳窝。为此，大槐树和老鹳窝就成为移民惜别家乡的标志。"问我祖先何处来，山西洪洞大槐树。祖先故里叫什么，大槐树下老鹳窝。"这首民谣数百年来在我国许多地区广为流传。

　　明初从山西洪洞等地迁出的移民主要分布在河南、河北、山东、北京、安徽、江苏、湖北等地，少部分迁往陕西、甘肃、宁夏地区。从山西迁往上述各地的移民，后又转迁到云南、四川、贵州、新疆及东北诸省。如此长时间大范围有组织的大规模迁徙，在我国历史上是罕见的，而将一方之民散移各地，仅此一例而已。明政府推行移民垦荒、振兴农业的政策，虽然其目的是巩固封建王朝的统治，但客观上缓和了社会矛盾，调动了农民的生产积极性，使农业生产逐步得到恢复，边防巩固，社会安定。民国二年（1913年），宦游山东的贾村人景大启告老还乡后，集资修建了碑亭、茶室等。碑亭建在原来的古大槐树处，亭虽不大，但雕梁画栋，飞檐斗拱，精巧玲珑。亭中竖立青石碑一座，刻有"古大槐树处"五个隶书大字。碑亭背面，刻有碑文，简述移民事略。亭前靠西一侧，建有茶室三间，以备寻根游人歇憩品茗，茶室楣匾题字为"饮水思源"。碑南20余米处建有牌坊一座，横额雕刻着"誉延嘉树"，另一面刻有"荫庇群生"。20世纪80年代初，洪洞县政府重修并扩建了大槐树公园。在这里还流传着一些有关迁徙的故事。辛亥革命后，袁世凯命山西巡抚张锡銮率卢永祥第三镇兵进攻山西革命军，所到之处肆意抢掠。到洪洞后，士兵来到古大槐树处，纷纷下马罗拜，互相传言："回到大槐树老家了。"不但没抢掠，而且将财物供施于大槐树下。大槐树"御灾抗患"之功渐渐为人们所称道。

　　传说当年移民时，官兵用刀在每人小趾甲上切一刀为记。相传至今，凡大槐树移民后裔的小趾甲都是复形（两瓣）。"谁是古槐迁来人，脱履小趾验甲形。"你若有兴趣，不妨自我查看。当时，为防止移民逃跑，官兵把他们反绑，然后用一根长绳连接起来，押解着移民上路。人们一步一回头，大人们看着大槐树告诉小孩："这里就是我们的老家，这就是我们的故乡。"至今移民后裔不论家住在何方何地，都说古大槐树处是自己的故乡。在押解过程中，由于长途跋涉，常有人要小便只好向官兵报告："老爷，请解手，我要小便。"次数多了，这种口头的请求也趋于简单化，只要说声"老爷，我解手"，就都明白是要小便。此后"解手"便成了小便的代名词。

迁民到了新的居住地点，一片荒野，只好用自己辛勤的双手建屋造房，开荒种地，不论干什么，都会联想起故乡的山山水水。为了寄托对故乡的思念，移民大多在自己新居的院子里、大门口栽种槐树，以表对故乡的留恋和怀念之情。有些移民到迁徙地后，以原籍命名村名，如北京郊区有赵城营、红铜（洪洞）营、蒲州营、长子营等，表明这些居民是当年从赵城、洪洞等地迁去的。祭祖小屋里贴着一张"古槐后裔姓氏表"，该表上共有四百五十姓，供奉着他们的牌位，这大大超过了百家姓。他们都是六百年前移民到全国各地的，经过搜集整理，公之于墙，以便寻根查询。近年来，大陆民众竞修家谱，海外同胞寻根祭祖，纷纷查询自己同大槐树的血缘关系。悠悠六百年多年过去了，古槐早已不复存在，消失在历史的长河之中，而同根孳生其旁的第三代槐树，则枝叶繁茂，充满活力。槐乡的后裔已遍布全国20多个省，400多个县，有的还远在南亚一些国家和地区。遥想当年祖辈们扶老携幼，离乡背井，在频频回首遥望大槐树和老鹳窝时，洒下了多少伤心泪，愿大槐树与海内外同胞永远根连根，心连心。大槐树楹联：香挹行襟留快饮；荫清古道倚斜阳。茶可解饮，碧乳澄香通世味；亭堪楼迹，绿槐夹道识乡情。柳往槐来，到此应生离国感；水源木本，于今犹动故乡恩。举传嘉树；荫庇群生。

关于洪洞大槐树的介绍就为大家讲到这里，现在大家可以自由参观一下，按照计划的时间回到这里，祝大家玩得愉快。

【讲解情景模拟实训】

中国历史上的大移民

一、实训目标

（1）通过模拟讲解训练，熟知洪洞大槐树历史资料及移民的历史意义。

（2）熟知移民的原因，完成导游词编创。

（3）结合基本讲解方法，通过教师示范，掌握具体讲解方法，并通过分组和角色扮演进行讲解实训，亲身感受讲解过程，体会讲解导游词的感受。

二、实训步骤

（1）教师介绍常用的几种导游讲解方法并进行示范性讲解。

（2）学生分组模拟多种旅游团（如商务团、学生研学团、老年团等），每人依次进行导游讲解练习。

（3）每个学生按照参加全国导游口试标准，讲解5分钟导游词，4分钟专题，小组成员扮演游客予以配合。

（4）填写实训报告，回答相关问题。

三、问题思考

（1）请在5分钟内即兴讲述移民的发展历史。

（2）请简述中国人的根祖情结。

（3）请简述洪洞大槐树的位置、典故、价值、评价等。

【技能拓展与延伸】

（1）"问我祖先在何处？山西洪洞大槐树。祖先故居叫什么？大槐树下老鹳窝。"你知道当年的大槐树还在吗？现在景区看到的大槐树是什么时候种下的？很多地方，上厕所叫"解手"，这与大槐树有什么关系？大槐树移民留下的诗是什么？请查阅相关资料，写出你的答案。

（2）根据所学知识与技能，分组进行合作探究活动，围绕洪洞大槐树的其他相关信息（如有哪些姓氏从大槐树迁出？移民政策有哪些？移民主要去了哪些地方？）进行导游词创新编写，挖掘旅游资源，进行导游解说，然后拍摄成视频资料，在班级群内（或专业网站）进行互动交流，展示其发展美、人文美、和谐美。

任务十五　壶口瀑布模拟讲解词实训

【学习目标】

1. 素养目标

（1）认识黄河精神在职场和人生中的核心价值，培养其积极向上的情感态度和价值观。

（2）增强民族自豪感和文化自信，厚植家国情怀，热爱并传承家乡文化，讲述精彩的家乡故事。

（3）树立终身学习的观念，紧跟旅游行业的最新动态和发展趋势，不断学习新知识、新技能，以提升个人专业素养和综合能力。

2. 知识目标

（1）了解壶口瀑布的基本信息和历史文化背景，包括其地理位置、形成历史、相关传说和人文景观等。

（2）了解黄河在中华文明史上的重要地位和作用。

（3）掌握壶口瀑布的特点和四季之美，理解其作为自然景观的重要性和价值。

（4）通过模拟实践，学习壶口瀑布景区导游讲解服务技巧，学习导游词创作技巧。

3. 能力目标

（1）能够运用恰当的语言对壶口瀑布景区进行讲解。

（2）培养景区导游服务及撰写导游词的能力和技巧。

（3）培养审美情趣和热爱祖国大好河山的深厚情感。

【引言】

黄河流域文明作为世界四大古代文明之一，其核心区在山西。华夏文明的源头在山西，而山西境内黄河段沿线是最具文化特色的精品线路。"君不见黄河之水天上来，奔流到海不复回。"有多少文人墨客，吟诗作赋，写不尽黄河的雄浑壮观。

知识点 1　壶口瀑布的地理位置和历史文化背景

一、壶口瀑布的地理位置　》》

　　壶口瀑布位于山西省和陕西省的交界处，东濒山西省临汾市吉县壶口镇，西临陕西省延安市宜川县壶口镇。具体来说，壶口瀑布北距山西省太原市 387 千米，南距陕西省西安市 350 千米，是两省共有的国家 5A 级风景名胜区。壶口瀑布是中国第二大瀑布，世界上最大的黄色瀑布。

　　在地理位置上，黄河从上游奔腾而下，在壶口处受到峡谷的挤压，河水猛然跌落，形成了壶口瀑布（图 15–1）。瀑布上游黄河水面宽 300 米，在不到 500 米长的距离内，被缩窄到 20~30 米的宽度，从 20 多米高的陡崖上倾注而泻，展现出"千里黄河一壶收"的气概。景区分布着十里龙槽、禹帽峰、梳妆潭、观瀑桥、石窝宝镜、龙王讪、清代长城、牛马王庙、"孟门月夜"和"古渡口"等百余处自然人文景观，呈众星拱月之势。壶口瀑布由于落差大、水势汹涌，形成了特有的四大景观："水底冒烟""彩桥通天""群龙戏浪""谷洞起雷"。由于壶口瀑布的独特地形和水文条件，这里成为中国著名的旅游胜地，每年吸引着大量游客前来观赏。

图 15–1　壶口瀑布

二、壶口瀑布的历史文化背景　》》

　　壶口瀑布所在的黄河大峡谷，历史上发生过多次军事活动。春秋时期，晋国为了谋图关中平原，曾与河西黄龙山的敌人进行了两次大战，分别是采桑之战和东山之战。东晋时期，羌族首领姚襄在黄河沿岸筑姚襄城（今河东南村坡），伺机进犯关中。南北朝末期，姚襄城成为北周滩头阵地，阻止北齐西渡黄河。隋开皇十三年（593 年），唐公李渊率军进壶口，"滨之民献舟者日益百数"，继而攻取长安。南宋末年，蒙古军取坊州，越黄龙山由圪针滩渡黄河，从金人手中夺回隰州。元至正二十八年（1368 年）元惠宗（顺帝）残余势力退出北京，为便于渡河西逃，在壶口龙槽两岸凿石栽桩架设铁索桥，号称"黄河飞桥"，遗迹犹存。明崇祯三年（1630 年）李自成起义军乘黄河结冰时，由壶口一带过"冰桥"，攻克山西吉县。清末，转战陕北一带的西捻军，于同治五年（1866 年）由梁王张宗禹统率，在西龙王辿强渡黄河冰桥，越吕梁山，救援东捻军。

这些文化遗址的保存和传承，为壶口瀑布的文化历史增添了厚重的底蕴。壶口瀑布不仅以其壮丽的自然景观吸引着游客，更承载着中华民族深厚的历史和文化底蕴。

知识点 2　壶口瀑布的特点和美点

一、壶口瀑布的三大特点

黄河河面在这里由宽阔骤然收缩呈梯形壶回，但并非陡直倾泻而下，起始是沿台阶几级下跌，最终才直冲入深潭，这就形成三个特点。

第一，它不同于一般瀑布的垂直水幕，而如一条斜铺的挂毯，水流在垂直跌落前先在各级台阶上回旋跌宕，形成吞流涡流，犹如千军万马于雄关隘口互相挤压重叠，几经翻腾周折，最终陷落在深潭中，发出惊雷般咆哮和冲天的水气，阳光折射形成道道彩虹。

第二，通常的瀑布只有流量改变时才发生变化，在流量没有什么变化时总是直线而下，形成一个有序恒定的水幕。但壶口却不同，它因由宽到窄分几级台阶冲下，湍流的流向、大小等都时刻在变化，因此形成一个无序的不断变化着的画面，让人目不暇接、眼花缭乱。

第三，其水流中夹杂大量黄泥沙，黄河在上游原本也为一道清流。自穿越黄土高原后，冲入了大量泥沙，变成一股黄色的浊流，每股激流、每朵浪花皆浑稠、厚重、敦实，不似水墨画，却如油画或固形的沙雕。

二、壶口瀑布的四季之美

壶口瀑布风光，随四季而变换。春季的壶口瀑布，上游冰雪开始消融，所谓"桃汛"来临。时值桃红柳绿之际，风和日丽，远山开始披上一层淡淡的翠绿，然而，上游的冰凌仍不时飘浮而下，汇聚在壶口瀑布上游宽阔的河道，继而倾泻跌下，如山崩地裂，琼宫惊倾，激起玉屑冰晶，四处抛洒。此时之水色山光，显得格外妩媚。而当夏季来临，黄河进入洪汛时期，河水水位急聚抬高，反而减低了瀑布的原有落差，从而使壶口瀑布变成了一滩急流。这一现象与瀑布通常在汛期更显得气势磅礴的特性不尽相同，此时去观赏瀑布，则无法见其本色。秋高气爽，北雁南飞，秦晋高原万里无云。登高远望，壶口瀑布的来形去势一目了然，不禁令人感到心旷神怡。每当日出，瀑下烟雾，折射成道道彩虹，环跨天穹，色彩缤纷，若"桃浪两飞翻海市，松崖雷起倒蜃楼"。

三、壶口瀑布的四大奇观 ▶▶▶

由于壶口瀑布的落差之大、水势之猛，从而形成了它在春、夏、秋、冬特有的四大景观：深秋严冬，奔流翻腾的黄河水一下子跌入深槽，激起了巨大的水柱，云雾横生，似烟云迷罩河岸，又似"水底冒烟"，如图15-2所示。春秋两季，龙槽中扬起的水雾经夕阳斜射，呈现出七色彩虹，又形成了"彩桥通天"。滚滚黄河洪流激入深槽，声似雷鸣，数公里外游人依旧可闻，"谷涧起雷"。而当你走近瀑布龙槽，会看见河中惊涛拍岸，浊浪排空，气势磅礴，流水势如龙腾虎跃，在深槽中上下翻腾不已，又恰如"群龙戏浪"。

图 15-2 冬季的壶口瀑布

【导游词范文赏析】

范文1 民族精神——万里黄河水涛涛

黄河咆哮送激流，汹涌澎湃入壶口。奇观引来天下客，母亲河水暖千秋。今天我们来到的便是黄河壶口瀑布。

壶口瀑布位于陕西省吉县龙王𪨊，距吉县县城45公里，景区总面积100平方公里，游览活动包括"黄河文化游""晋陕峡谷游""黄土风情民俗游"。在960万平方公里的土地上，在5 000年悠久的历史中，在14亿中国人的心中。最能体现出中华民族精神的莫过于黄河壶口瀑布。面对黄河那翻腾的浪花、雷鸣般的吼声时，都会热血沸腾，激动万分，耳旁仿佛回荡起"风在吼，马在叫，黄河在咆哮"的歌声。

为什么黄河壶口瀑布这个自然景观饱含着这么浓郁、这么突出的人文精神内涵呢？这是因为壶口作为伏羲、女娲两大原始社会部落通婚的重要标记，作为大禹治水时"引山表木"的记号，早已名垂史册。她饱含着中华民族先祖自强不息的精神，蕴藏着中华民族的丰富智慧，铭刻着古老黄河的文化印记，是中华民族发展中的一个重要标志。

黄河从高山流向大海，从远古流到今天，是高高的巴颜喀拉山孕育了她。她向东流经四川、甘肃、宁夏，在内蒙古托克托县河口镇，由于受到吕梁山脉的阻挡，转南进入了著名的晋陕大峡谷之中。上游数百米宽的浩瀚激流在到达龙王辿时，河水骤然收敛，倾泻在水草中，形成了一个宽 50 米、落差 30 余米的巨大的黄色瀑布，因其形似茶壶注水，故名"壶口瀑布"。

进入景区，首先映入我们眼帘的是左手方向的十里龙槽，整个龙槽非常狭窄，是运兵越河最理想的地方，自古以来，这里就是兵家必争之地。

由于壶口瀑布的落差之大、水势之猛，从而形成了它在春、夏、秋、冬特有的四大景观：深秋严冬，奔流翻腾的黄河水一下子跌入深槽，激起了巨大的水柱云雾横生，似烟云迷罩河岸，恰似"水底冒烟"。春秋两季，龙槽中扬起的水雾经夕阳斜射，呈现出七色彩虹，又形成了"彩桥通天"。滚滚黄河洪流激入深槽，声似雷鸣，数公里外游人可闻，"谷涧起雷"。而当您走进瀑布龙槽，会看见河中惊涛拍岸，浊浪排空，气势磅礴，流水势如龙腾虎跃，在深槽中上下翻腾不已，又恰如"群龙戏浪"。

世界上的瀑布，多得不可胜收，而唯独黄河壶口瀑布与这些大大小小的瀑布相比，有着与众不同的四大特点。首先是深厚而久远的文化内涵；其次是一往无前、汹涌澎湃的气势；再次是无与伦比的流速和流量；最后是一年四季多姿多彩。因此，无论您什么时候到壶口，它都会让您感到不虚此行。

"黄河之水天上来，奔流到海不复回。"大诗人李白以他的万丈豪情，为我们刻画出了黄河奔流的壮观景象，激起了一代又一代中华儿女的美好遐想。

游客朋友们，黄河两岸、黄土高原既是中华民族寻根祭祖的地方，更是中华民族复兴大业的发祥地之一。让我们永远铭记这博大精深的中华文明，传承这自强不息的中华民族精神吧！

范文2　黄河奇观——四季观瀑赏奇观

各位尊敬的游客朋友们，欢迎大家莅临国家 5A 级旅游景区——黄河壶口瀑布，与我们一同探索这片壮丽的自然奇观。

在广袤的中华大地上，流淌着一条被誉为母亲河的河流——黄河。她发源于青藏高原的巴颜喀拉山脉，穿越四川、甘肃、宁夏等地，最终在内蒙古托克托县河口镇受到吕梁山脉的影响，转而南下，进入晋陕大峡谷。在这里，上游数百米的浩渺水面在龙王辿处骤然收敛，形成仅 50 余米的宽度，倾泻在落差达 30 多米的石槽中，犹如茶壶注水，因此得名壶口瀑布。当你置身于此，定能亲眼看到"九转黄河一壶收"的震撼景象，感受到她那不屈不挠、生生不息的精神力量。

壶口瀑布，作为"母亲河"的心脏，位于山西吉县龙王槽，距县城 45 千米，景区面积达 100 平方千米。这里不仅是《黄河大合唱》的诞生地，更是中华民族精神的象征。2022 年 7 月，壶口瀑布正式荣膺国家 5A 级旅游景区称号。大诗人李白曾以"黄河之水天上来，奔流到海不复回"的豪迈诗句，描绘了黄河的壮观景象，激发了无数中华儿女的豪情壮志。谁不想亲眼见证这条伟大河流的风采，亲身感受她赋予我们的精神力量呢？

壶口瀑布以其独特的四大景观——"水底冒烟""彩桥通天""群龙戏浪""谷涧起雷"而闻名遐迩。这里的落差之大、水势之猛，足以让任何物体在瀑布的冲击下变得面目全非。据说，如果从上游扔下一头猪，下游找到的将是一具无毛的猪尸，这便是壶口瀑布巨大冲击力的真实写照。无论何时何地，置身于壶口瀑布的壮丽景色之中，您都会深感不虚此行。

请大家注意看，这里保留着船行旱道的痕迹。古往今来，船只至此无法继续航行，只能依靠人力或机械拉纤拖出水面，从黄河一侧绕过龙槽，再进入河中继续前行。这一独特的景象被形象地称为"旱地行船"。千余年来，船只在路上留下的痕迹依然清晰可见。

在龙槽两侧的石案上，布满了大小不一的石窝。这些石窝有的浅仅一尺（约为 33 厘米），有的深达数米；有的小如碗口，有的大似瓮口。石窝中红砂土沉底，清水浮面，如果您伸头观望，您的相貌将清晰可见。因此，这里的人们亲切地称它们为"石窝宝镜"。

在抗日战争时期，著名艺术家冼星海曾来到壶口瀑布，在这壮丽的景色下，他灵感迸发，创作出了脍炙人口的《黄河大合唱》。当您站在壶口瀑布旁，面对着黄河翻滚的水花和雷鸣般的轰鸣声时，耳畔是否会响起那激昂的歌声："风在吼，马在叫，黄河在咆哮……"

世界上只有一条黄河，而黄河上只有这一处瀑布。这唯一的黄色瀑布，正是中华民族之魂的所在，也是中华民族生生不息精神力量的象征。

值得一提的是，"黄河峰会·大河论坛"曾在山西临汾黄河岸边成功举办。作为万里黄河上的一颗璀璨明珠，壶口瀑布正以文化的力量和旅游的魅力，助力山西描绘黄河流域生态保护和高质量发展的壮美画卷。

让我们一同沉浸在这片壮丽的自然奇观中，感受黄河赋予我们的无限魅力和精神力量吧！

【讲解情景模拟实训】

一、实训目标

黄河之魂在山西

（1）通过模拟讲解训练，熟知壶口瀑布四季之美及历史文化内涵。

（2）熟知壶口瀑布景区讲解要点，完成导游词编创。

（3）结合基本讲解方法，通过教师示范，掌握具体讲解方法，并通过分组和角色扮演进行讲解实训，亲身感受讲解过程，体会讲解导游词的技巧。

二、实训步骤

（1）教师介绍常用的几种导游讲解方法并进行示范性讲解。

（2）学生分组模拟多种旅游团（如商务团、学生研学团、老年团等），每人依次进行导游讲解练习。

（3）每个学生按照参加全国导游口试标准，讲解 8 分钟导游词，4 分钟专题，小组成员扮演游客予以配合。

（4）填写实训报告，回答相关问题。

三、问题思考

（1）请简述壶口瀑布的特点。

（2）请简述壶口瀑布的四季之美。

【技能拓展与延伸】

（1）查阅壶口瀑布周边的人文景观，如秦晋大峡谷、黄土高原民俗村等，阐述其与壶口瀑布的关联。

（2）查阅壶口瀑布的传说，如大禹治水、龙王嫁女等，增加讲解的趣味性和生动性。

（3）根据所学知识与技能，分组进行合作探究活动，进行导游词创新编写，挖掘旅游资源，进行导游解说，拍摄视频资料，在班级群内（或专业网站）进行互动交流，展示壶口瀑布的发展美、人文美、和谐美。

任务十六 云丘山模拟讲解词实训

【学习目标】

1. 素养目标

（1）通过模拟讲解实训课程，在实践中不断积累经验，同时要敢于创新，探索新的讲解方式和服务模式，以满足游客日益多样化的需求。

（2）学习如何与来自不同地区的游客交流，尊重他们的文化背景和习俗，提供个性化的导游服务。

（3）增强民族自豪感，坚定文化自信，厚植家国情怀，热爱家乡，讲好家乡故事。

2. 知识目标

（1）了解云丘山的基本信息和历史文化背景，包括其地理位置、形成历史、相关传说和人文景观等。

（2）了解中和文化在中国传统文化中的重要地位和作用。

（3）掌握云丘山的特点，理解其作为自然景观的重要性和价值。

（4）通过模拟实践，学习景区导游讲解服务技巧，学习导游词创作技巧。

3. 能力目标

（1）能够运用恰当的语言对云丘山景区进行讲解。

（2）培养景区导游服务技巧及撰写导游词的能力。

【引言】

这里的夏天，25摄氏度。这里有世界罕见的超大冰洞群，"千峰竞秀，万壑峥嵘"，崇山、险峰、奇石、飞瀑、沟壑、清泉、云海等自然景观享之不尽，享有"姑射（yè）最秀峰巅""河汾第一名胜"的美誉，这里便是云丘山。云丘山属国家5A级旅游景区（图16-1），是晋南根祖旅游核心景区，中华农耕文明发源地之一，华夏乡土文化的地理标志，也是中和文化——非物质文化遗产的传承地。

图 16-1　云丘山

知识点 1　自然景观

云丘山特殊的喀斯特地貌和石山森林环境形成了绵延不断的奇峰异景，峰峦叠翠，景色秀丽，森林覆盖率高达 89%，负氧离子含量高达每立方厘米 25 000 个，风景宜人，是缓解疲倦、驱逐浊气的生命居所。

一、探秘冰洞群奇观、体验透心的凉爽——冰洞群

云丘山冰洞群是世界三大冰洞奇观之一，也是目前国内发现规模最大的天然冰洞群，现已查明有 14 个冰洞群，整个冰洞群由 11 个洞腔组成，距今已有 300 多万年的历史。因其成因复杂、规模最大、全年有冰，固而成为最具科研价值和观赏价值的天然冰洞群。一帘之隔，跨越近 50 摄氏度温差，这万年冰洞，就像有一个巨大的天然制冷系统，冬天，洞外温度零下十几摄氏度，洞内温度高于外部，冰面甚至起烟雾；即使三伏炎夏，洞外 40 余摄氏度高温，蒸发快，却正好是洞内的冰加速生成的季节，洞内依然晶莹剔透，寒气逼人，万古不化。这种自然奇观，在科学界被称为"地热负异常现象"，这里也是世界最大的反季节性冰洞。即使地壳几经运动、历史几经更迭，三百万年来，这里的冰雪世界依然保存完整。经科学考证，从目前国内乃至世界上来看，这里都是最大的一个冰洞群，它不在寒冷的北国，也不在炎热的南方，而在祖国中部的山西临汾，这里的自然条件根本构不成结冰的环境，但洞内冰柱一年四季都不化，如图 16-2 所示。

图 16-2　云丘山洞内冰柱

二、一座古村，带你穿越人间烟火——塔尔坡古村 ＞＞＞

塔尔坡古村已有 2 500 多年的历史，因老子李耳曾下榻于此而得名。后世道家闻名而至，见此风水宝地非常适宜清修，遂在附近山中辟谷修行，并和当地山民结邻而居，渐成村落。瓦盖屋顶式的石木或砖木结构建筑的窑洞，经过了几百年的风吹雨打，如今仍然传递着人间烟火，被称为"千年民居建筑的活化石"。塔尔坡整个村落依山傍水，古树掩映，村前的神仙峪里有从山上泉凹处流下的清澈见底的山泉水，村后背靠着高峻挺拔的云丘山主峰，玉莲洞道观雄踞古村之上的抱腹岩中。

如今的塔尔坡，继承了当地的民俗、民风，瞬间让人们感受到那种男耕女织、自给自足的世外桃源生活。塔尔坡民间杂艺坊主要有皮影戏、织布纺线、打铁、布老虎等民间传统工艺。

三、享受于山野之间，沉浸在朴韵之下——康家坪 ＞＞＞

康家坪古村迎宾栈隐居在山林之中，所有民宿的改建均保留了原有的古民居外观；室内采用纯手工打造的木质结构，可以说是现代工艺与传统窑洞的完美融合。这里绿树环抱，环境幽静，民居古朴，层层叠叠的苍翠绿林包裹着连绵不绝的秀美山峰。晚上住进康家坪内的窑洞中，抬头望着银河履带似的星空，感受自然雕砌的建筑，带来无与伦比的放松。

四、喝口神泉水，做个快活人——神仙峪 ＞＞＞

古树林立，泉水清澈，风景秀丽，犹如仙境。相传，这里是真武大帝的前身"鲧"的修炼圣地。鲧成仙以后，老百姓便将此地称为"神仙峪"（图 16-3）。

走进神仙峪，即使外面骄阳似火，也会感到凉风习习，绿色遍布山野，雾气弥漫林间，让人心情愉快。

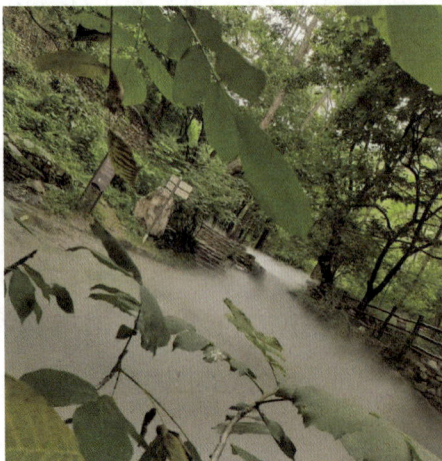

图 16-3　神仙峪

五、饱览群山，呼吸新鲜空气——玉皇顶

玉皇顶位于云丘山最高峰，海拔 1 629 米。玉皇顶建筑是一座重檐十字歇山顶的阁楼，始建于宋元时期，是俯瞰云丘山全貌的上佳之选。人们游玩时既可以徒步，也可乘坐缆车登顶，途中有许多惊险刺激的游乐项目可以参与，如悬崖秋千、玻璃桥等。站在玉皇顶上，居高临下，白云在脚下轻飘，山风掀动衣袂，极目远眺，奇岭峻峰宛如一条巨龙，美景简直让人沉醉。

知识点 2　文脉追溯至远古，文化汇聚儒道释

一、千年延承"中和之道"

云丘山不仅自然景观奇特，而且文化底蕴深厚。云丘山古称"昆仑""北顶"，地处河汾文明核心圈层，是中华文明的起源地，素有"华夏年轮"之美誉。回溯千年：伏羲、女娲在这里繁衍人类，羲和观天测地订立二十四节气历法，后稷教民稼穑开创古代农耕……从原始社会开始，人们在此地就学会了如何与自然和谐共生，中和文化也因此源远流长。

唐德宗李适在位期间，大臣李泌上书建议每年的二月初一为中和节，以祭祀芒神、太阳神，鼓励农耕。随着历史的推移，中和节逐渐淡出历史。然而，1 200 多年来，只有云丘山把中和节传统完整地保留下来。每年二月初一到十五，方圆百里数万百姓自发前往云丘山，朝山拜顶，其间山中各大道观庙宇香火鼎盛。人们祭天敬祖，叩拜开天辟地的伏羲、女娲；人们大开山门，寓意开生育之门、子孙绵延；人们怀着虔诚之心举旗幡、打腰鼓、唱秧歌、抬驾楼等，前往五龙宫、八宝宫及各寺观迎神赛会；人们开耕祭地，祈求风调雨顺、五谷丰登。顺乎天道致中和，万古流传在云丘。这些种种，无不体现着中和文化深厚的人文内涵，即"三个元素，五个祈求"。三个元素，即生殖崇拜是中和文化之根，天人合一是中和文化之魂，和谐发展是中和文化之光。五个祈求：一是祈求风调雨顺、五谷丰登；二是祈求神灵庇佑、国泰民安；三是祈求美好姻缘、如意婚配；四是祈求子孙绵绵、后继有人；五是祈求福禄寿禧、吉星高照。

2009 年，云丘山中和节被确定为山西省示范保护基地，列入省级非物质文化遗产。2011 年 5 月 23 日，国务院公布了第三批国家级非物质文化遗产名录，云丘山中和节以民俗类名列其中，这也标志着云丘山真正成为我国中和文化"中和节"的活化石。

二、道教、全真教、龙门派祖庭发源于此

南有武当，北有云丘，在云丘山的历史演进过程中，道教扮演了非常重要的角色。数千年来，不乏道家方士来此游历并成为其修炼场所，素有"南武当、北云丘"之盛誉。《乡宁县志》中曾这样记载云丘山：春树葱茏，夏林苍翠，秋枫丹染，冬松傲霜，四时山花吐香，常年流水潺潺。由此可见，云丘山四季分明，钟灵毓秀。据说，2 000 多年以前，老子李耳云游四海时路过这里，他见云丘山沟壑交错，山岭奇险，正是修身养性之地，于是在此地下榻专心修行。后来引得不少道家名士慕名而来，他们在山谷间开辟修行场所，并和当地山民结邻而居，渐渐地形成了村落，就是如今的塔尔坡古村，至今已有 2 000 多年历史。不仅如此，云丘山还是全真教丘处机的修行之地。他的嫡传弟子孙志坚、吕志忠更在此修炼成道。千百年来，在此修炼得道的不止一人，在云丘山的绝壁断崖上，到处有道士修炼的洞穴。后来，山中修炼的道士们更是倾力帮扶附近的百姓，一度出现了道民共生的和谐景象。时至今日，云丘山仍是方圆百里老百姓上香祈福的福地。

【导游词范文赏析】

范文1　白云仙居藏秘境

游客朋友们，大家好！欢迎您来到"世界的冰洞群，向往的云丘山"。希望通过我的讲解，使大家能够了解并感知这座神秘、奇特、大美的云丘山，给大家留下难忘的印象。

云丘山位于山西省临汾市乡宁县境内，地处黄河与汾河交汇处、吕梁山最南端。总面积 210 平方千米，最高海拔 1 629 米。云丘山距侯禹高速稷山出口 15 千米、高铁侯马西站 41 千米、运城北站 90 千米、临汾西站 98 千米、运城机场 93 千米、临汾尧都机场 120 千米、距离洪洞大槐树景区 127 千米、壶口瀑布景区 128 千米、解州关帝庙景区 128 千米，交通十分便利。

云丘山是中国独具品位的悦目赏心景区。悦目是因为自然风景壮美而秀丽，山脉起伏，蜿蜒如巨龙。《乡宁县志》记载的云丘古八景，"石穴藏冰、神塔叠翠、天门樵唱、玉莲擎盖、蜡台夜光、伏羲观日、云海神龟、桑榆同株"，素有"河汾第一名胜"的美誉。景区内流水潺潺，云雾缭绕，犹如仙境。其中，300 万年的天然冰洞群更是天下奇观，是世界罕见的三大冰洞之一。冰洞内冰挂、冰柱、冰笋、冰钟乳、冰石花分布在整个空间，在五彩灯光的映照下呈现出梦幻般的景象，堪称冰的童话世界，如图 16-4 所示。

图 16-4　云丘山冰洞

赏心是因为历史悠久，文化丰富。云丘山古称"昆仑山"，上古时帝尧曾命羲和在此观天测时，进而钦定历法；后稷曾在此教民稼穑，指导农业耕种；马壁峪古道既是春秋时期晋国与戎狄的通道，也是李世民进兵收复河东的胜利大道，还是千年畅通的商道、盐道。长期以来，儒、释、道三教在此和谐共生，云丘书院培育出无数英才，道教五龙宫、玉莲洞、祖师顶、玉皇顶、八宝宫以及佛教多宝灵岩禅寺，香火旺盛，千年圣灵。云丘山中和文化"中和节"，被列入国家级非物质文化遗产保护名录。景区内的 11 个古村落，9 个被列为国家级传统村落。其中塔尔坡古村落被誉为非遗文化活态民俗博物馆，数千年的婚俗文化、"朵枝"植物染布、皮影戏、塔尔坡花鼓等传统文化传承至今；康家坪特色民宿，绿树抱古村，小院藏窑洞，石头有韵味，木头有趣味，开窗赏美景，身心沁古韵，古朴典雅，别具匠心，带您回归田居，享受慢生活。

云丘山特色美食有云丘水席、云丘小吃、养生火锅、道家养生膳食等，原材料绿色、有机，巧烹饪，味鲜美，健脾胃，润肠肺，护心肝。特色产品有翅果油、翅果蜜、太太饼、酱腌菜、柿饼、小杂粮以及"朵枝"植物染布，这些都是馈赠亲友的最佳礼品。

景区拥有长 219 米、高 195 米、宽 2 米的玻璃吊桥，有高 46 米的蹦极塔、滑翔翼、旱地滑雪、高空秋千、空中飞人、滑索等多种娱乐项目和研学产品，是集旅游观光、休闲、度假、养生、养老体验于一体的综合性旅游目的地，是海内外游客观光旅游之胜地。好了，接下来请大家自行参观，谢谢！

范文2　千年古村塔尔坡

游客朋友们，大家好。

山西省临汾市乡宁县云丘山有一个拥有 1 500 年历史的古村落——塔尔坡村。塔尔坡村依山傍水，林木葱茂，建筑风格各异，民俗民风独特，保存着原始生态的古村落、古窑洞在山西来说比较罕见，因此该村被专家称为民居建筑活化石，是云丘山最富有历史传统价值的景点。整个塔尔坡古村有窑洞 60 余间，木构房屋 50 余间，依山而建，背依山崖，避风向阳，相对分散。古村落建筑面积约 12 600 平方米，全村共计庭院 43 处，存在完整的庭院 26 户。院落多为四方形，由大门、主窑和厢房构成，院子以石头铺就，边多压石条。古村院子套院子，窑洞通窑洞，院落之间有暗道相通，有很强的防御功能与私密空间，形成了迷宫般的建筑形态，尽显前人的智慧。村落的道路全部为石板、石块、石头台阶铺设，家家院里有暗水道，直通道路，排到村外。目前，塔尔坡古村已被文化部和旅游等四部委选入《中国传统村落保护名录》。

古村林木葱茂，古老的石板路穿行在树林中，这种石板路是塔尔坡古村的先民们铺就的，是先民们的主要交通通道。村子下面的小溪清澈美丽，水源来自云丘山的"神泉"，水质甘甜清冽，水中含有丰富的矿物质，是天然的优质水源。塔尔坡古村落所有院落均是依山而建，建筑材料以石材为主。村落里有石拱顶的窑洞建构，也有在石砌拱顶的窑洞后依山挖掘的石洞、土洞，而房屋则为石砌墙体的抬梁木结构瓦厦。这里的古建筑几乎没有一块砖，全部是石材结构，它们历经千年，也不断更新交替，旧窑洞修补翻新。塔尔坡古村的院墙普遍都不高，有的还是栅栏式。据当地的村民说，他们的院墙和门根本不是用来防人的，只是为了阻拦牲畜，朴实的话语透露着真诚、和谐、纯朴和信任。

传统村落承载着中华传统文化的精华，是农耕文明不可再生的文化遗产。传统村落凝聚着中华民族精神，是维系华夏子孙文化认同的纽带。传统村落保留着民族文化的多样性，是繁荣发展民族文化的根基。如今，塔尔坡的院落大多沉默在原地，任风吹，凭日晒，静看云卷云舒，以自己独有的坚强傲然面对每一位走进来的游人，向大家诉说着先民们的生产、生活，以及发生过的一个又一个古老的故事。

【讲解情景模拟实训】

云丘山民俗年

一、实训目标

（1）通过模拟讲解训练，熟知云丘山自然之美及历史文化内涵。

（2）熟知云丘山景区讲解要点，完成导游词编创。

（3）结合基本讲解方法，通过教师示范，掌握具体讲解方法，并通过分组和角色扮演进行讲解实训，亲身感受讲解过程，体会讲解导游词的技巧。

二、实训步骤

（1）教师介绍常用的几种导游讲解方法并进行示范性讲解。

（2）学生分组模拟多种旅游团（如商务团、学生研学团、老年团等），每人依次进行导游讲解练习。

（3）每个学生按照参加全国导游口试标准，讲解 8 分钟导游词，4 分钟专题，小组成员扮演游客予以配合。

（4）填写实训报告，回答相关问题。

三、问题思考 >>

（1）请简述云丘山冰洞的特点。

（2）请简述云丘山的自然之美。

【技能拓展与延伸】

（1）查阅云丘山周边其他景观，如吕祖院，玉莲洞等，阐述它们的故事。

（2）查阅云丘山的饮食文化，如云丘水席、云丘花馍等，增加讲解的趣味性和生动性。

（3）根据所学知识与技能，分组进行合作探究活动，进行导游词创新编写，挖掘旅游资源，进行导游解说，然后拍摄成视频资料，在班级群内（或专业网站）进行互动交流，展示云丘山的发展美、人文美、和谐美。

任务十七　八泉峡模拟讲解词实训

【学习目标】

1. 素养目标

（1）培养环保意识，了解旅游活动对自然环境的影响，倡导绿色旅游和可持续发展。

（2）在讲解过程中融入生态教育内容，引导游客尊重自然、保护环境；热爱本职工作，在服务中践行游客至上的专业品质。

（3）增强民族自豪感，坚定文化自信，厚植家国情怀，热爱家乡，讲好家乡故事。

2. 知识目标

（1）熟知八泉峡游览线路，设计最适宜的游览路线，巧妙串联精华景点。

（2）熟知八泉峡崖壁岩石类型和高峡平湖的形成过程。

（3）通过模拟实践，学习八泉峡景区导游讲解服务技巧，学习导游词创作技巧。

3. 能力目标

（1）能够运用恰当的语言对"红色太行"进行分析和描述，缅怀革命先烈，追寻红色足迹，传承红色精神。

（2）培养景区导游服务及撰写导游词的能力和技巧。

（3）养成仔细观察、善于辨别、勤于思考的习惯，努力提高导游词编创水平。

【引言】

太行山大峡谷（图17-1）位于山西省长治市壶关县东南部，景区绵延百里，风光旖旎，气势磅礴，汇北国粗犷豪放阳刚之美与江南清幽婀娜阴柔之秀于一身，占地面积225平方千米，林草覆盖率74.9%，有300余种珍稀植物和130种国家保护动物，每立方厘米负氧离子含量高达3.5万个，平均每5分钟可以完成一次肺部生态浴。这里先后被评为国家森林公园、国家地质公园、国家5A级景区、国家攀岩基地、中国最美十大峡谷之一，境内有

图17-1　太行山大峡谷（1）

400余处景观，44个景点，现已开放的主要景点有八泉峡、红豆峡、黑龙潭、紫团山、青龙

峡等，这些景点景观构成了一幅风光秀丽的壮美画卷，被誉为"世界奇峡，天然氧吧"。

知识点 1　太行山大峡谷是一座见证沧桑巨变的博物馆

一、泛舟碧波，感受绝壁高峡平湖

全长 3 千米，两岸蜿蜒曲折，时宽时窄，陡岩绝壁一字排开，直立犹如刀削斧劈，高达300 米。观光游船水路长 2 500 余米，水深 60 余米，由山中泉水汇聚而成。湖水富含钙、镁、锌、锶、铜等多种矿物质，湖底水草、藻类等水生植物丰富。随四季更替，每日不同时段湖水变幻出青、灰、绿、蓝等多种颜色。听水流鸟鸣，看水中游鱼，体验峡谷清幽，感受大自然的鬼斧神工。

二、漫步幽谷，聆听泉水激流勇进

如图 17-2 所示。幽谷内石、水、桥矗立石峰间，完美融合，侧耳细听，时而细腻时而粗犷，时而起伏时而跌宕，可谓"翠幔幽谷泉鸣乐，踏破芒鞋梦中寻"。幽谷内可见沉积岩的典型代表石灰岩、鲕粒灰岩、豆粒灰岩、泥质条带灰岩、风暴岩以及钙华。

图 17-2　太行山大峡谷（2）

三、凭栏静坐，细观漩涡壶穴洞天

壶穴洞天是急流漩涡夹带砾石磨蚀河床而成，外形呈凹坑状，集中分布在跌水的陡坡下方及坡度较陡的急滩上。经山泉水亿万年冲刷山体，形成了局部连续圆弧状洞天景观。

四、拾级而上，仰看山巅天门洞开

北天门（图 17-3）是一道天然门槛，因形如巨大的门户，耸立峰巅，又与南天门南北对峙，故得名"北天门"。北天门拱高 22 米，跨度 25 米，它是古溶洞因构造抬升，露出地表，遭受风化剥蚀而残留的局部溶洞。北天门南北通透，自然天成，与人间建筑无异，实乃自然奇观。

图 17-3　北天门

知识点 2　太行山大峡谷是一幅蕴藏风情万种的山水画

区域一：门楼景观

八字门楼（图 17-4）首先看建筑。门楼是典型的汉代风格建筑，分为三段式，台基、楼身和楼顶。台基高大，由四层三十四级台阶组成，蕴含了步步高升之意；汉代常用肥短的柱子打造出八字形的门楼，这种两边大柱横斜的八字造型，非常巧妙地契合了八泉峡景区名字中的"八"字，同时整个门楼又像一个"泉"字，可以说八泉寓意尽在门楼；门楼屋顶结构简单、粗犷豪迈，与八泉峡的风骨相映成趣。

其次看题匾。题匾是整个门楼的精华，"八泉峡"三个大字，是由我国道教协会原会长、著名书法家任法融先生题写的。在这三个题字中，"八"字厚重，象征着直壁万仞的太行山大峡谷；"泉"字灵动，犹如八道泉水，三大泉群，起笔如涓涓细流，最后一笔则似百流汇聚成高峡平湖，成为题匾的点睛之笔；"峡"字横平竖直，犹如悬崖绝壁，一览无余，特别是粗长的一撇，划出了被山水所包围着的峡谷的线条，给人以惊心动魄的感觉。

图 17-4　八字门楼

区域二：索道景观

这是国内首条能拐弯的索道（图 17-5），于 2016 年五一黄金周正式投入运营，由北京起重运输机械设计研究院设计安装，总投资约为 1.2 亿元。索道全长 3 000 米，垂直高差 369 米，翻越了 13 座山梁，共使用了 34 个支架，有单线循环吊厢 54 个，每个车厢可以乘坐 8 人，单向运行时间为 25 分钟 / 趟，运输能力达到每小时 1 000 人。索道建成后，才实现了"空中瞰太行、云中望峡谷"的特殊体验。过去想要翻越这 13 座山梁，至少需要两三天，现在仅需要 20 多分钟。最奇特的设计是中途让索道拐弯，是为了避开峡谷过深、索道离地面高度过大的区域，并且尽量避开水路，不破坏风景而设计的，是全国施工难度最大的索道。它两上两下，中间拐弯，这独特的设计和造型，是我们游览八泉峡景区的一大亮点。

图 17-5　八泉峡索道

区域三：步道景观

公元 206 年，曹操率兵北上太行山，亲征高干。高干是袁绍的外甥，任并州牧。建安九年（204 年），归降曹操，次年（205 年）又趁曹操北征乌桓之时，举兵反叛，盘踞壶关口。曹操派自己的得力干将乐进、李典先来攻打，但壶关城特别坚固，久攻不下。曹操心急如焚，带着连年征战的疲劳，冒着北方凛冽的寒风，率领大军长途跋涉，亲自征讨，到了太行山路过羊肠坂时，北风呼啸，大雪纷飞，羊肠小道，寸步难行。艰辛又悲壮的行军经历，让曹操感慨万千，于鞍马间写下了千古诗篇《苦寒行》。

羊肠坂是古代太行到中原的要塞，历代是兵家必争之地。"坂"指的是坡，形容坡不但陡峭而且千回百折，盘如羊肠。壶关羊肠坂，东起太行山大峡谷盘底村，西至东柏坡村，全长20千米，历来以奇险闻名。

知识点3　太行山大峡谷是一本积淀厚重文化的历史书

峡谷山高峰险，自古为兵家之所争，古道舟车轮转，从来是人文荟萃之胜地。曹操北征高干，写下了"北上太行山，艰哉何巍巍……"的千古名篇《苦寒行》；于谦策马太行山大峡谷，抒发着"两鬓霜华千里客，马蹄又上太行山"的人生感怀。古有唐朝宰府苗晋卿、西汉三老令狐茂等名人政客，留下经纬治世的庶政谋略，今有朱德大井划界、抗大一分校旧址、常行窑洞保卫战遗址，留下兴国安邦的大略雄才，激励着我们自强不息。唐代的真泽宫，元代的三峻庙，明代的白马寺，一个传说就是一段历史，一个故事写就一段传奇。

知识点4　太行山大峡谷是一处悦享幸福生态的养生地

一年四季，太行山大峡谷以春的生机盎然、夏的郁郁葱葱、秋的漫山红叶、冬的银装素裹变化着的山水画卷，一展她的靓姿风韵。漫步在峡谷中，访一访羊肠古道，登一登猫崂天桥，坐一坐双百米高观光电梯，看一看三项世界之冠的天空之城，溜一溜国内唯一3 000长的拐弯索道，爬一爬攀岩赛道，戏一戏漂流皮筏，品一品北国红豆，唱一唱《英雄壶关》，赏一赏县树县花，听一听壶关秧歌，住一住农家客栈，喝一喝壶关羊汤，零距离亲近自然，可忘却世事纷扰，洗尽物欲尘心。

如今的壶关，荒山披绿装，无山不绿，有水皆清。经过全县人民40年的不懈努力，林草覆盖率达到74.9%，是全国、全省平均水平的两倍多，走出了一条生态旅游和社会效益有机结合的发展之路，生动诠释了"绿水青山就是金山银山"的时代内涵。

【导游词范文赏析】

范文1　生态康养——太行深处有人家

太行山是我国黄土高原和华北平原的天然分界线。这壮美的太行山是如何形成的呢？北宋科学家沈括看到太行山"山崖之间，往往衔螺蚌壳及石子如鸟卵者，横亘石壁如带"，他经过研究得出："此乃昔之海滨，今东距海已近千里。"现代地质研究学家经过大量的考察，证实了他的论断。在 5 亿年前至 4 亿年前古生代奥陶纪，这里曾是一望无际的大海，只有原始鱼类在此生存，没有任何高等生命。后来经过了频繁的地壳活动，地面上升下降，海水涨潮退潮，当退潮时，这里沼泽广布，气候温暖潮湿，森林茂密，因此就形成了太行山区丰富的煤炭资源。经过地壳运动，在景区所在地最初形成石灰岩夹泥灰岩和白云岩岩质山地，使太行山脉逐渐隆起，形成太行东部陡峭，西部较缓的地貌形态。

走近壶关太行山八泉峡，亲近泉和水。八泉峡的山如硬汉，刚毅威猛；八泉峡的水如仙女，百媚千娇；八泉峡是山的氛围，水的天地，潭的世界，泉的乐园，峰的海洋，生物的天堂。碧绿的水，缓慢流淌；笔直的山峰直插云霄；动态的水，静态的山，构成了一幅绝美的山水画，可谓是画中游，画中行，人在画中，画在心中。高峡平湖的水，随着季节的变化而变化。春天时节，水体碧绿，时有花瓣飘入，越发显得水体柔软和鲜活；夏季，水面幽蓝，丰盛草木倒映水中，活生生一幅水墨画；秋来万紫千红，水体清冽，直视无碍，一个通体透亮的八泉峡，展现在世人面前；隆冬季节大地飞雪，银装素裹，展现了大地冰封的景象。高峡平湖水路共有 8 个湾，64 座峰。那一座如梯形的山峰，高耸入云，叫摘星峰。八泉峡境内最高山峰海拔达 1 700 余米，最低仅 600 余米，相对落差 1 100 余米。正像古诗中写到："危楼高百尺，手可摘星辰。不敢高声语，恐惊天上人。"

继续前行，壶穴洞天景观便跃然眼前，壶穴所在的峡谷，是东西走向，气温较高。在这里，八泉峡向西一拐，幻化出众多形态各异、变化万千的地质奇观——壶穴，此景被称为"壶穴洞天"。在河流上游，河水流得急的地方常有旋涡，旋涡带着砾石不断冲刷、钻挖河床。要是河流里有断层、不同岩性的岩石交接处，或者有瀑布，在水流长期磨蚀下，河床就容易形成深坑，这就是壶穴。水流里的砾石还会不断刮擦坑穴侧壁，让坑壁变得光滑如镜，形状像井。这是千百年乃至上亿年泉水冲刷的结晶。我们极目四望，视野豁然开朗，但见晴天丽日，层峦叠嶂，宛如一幅令人心旷神怡的立体山水画。大家可欣赏到悬崖古栈道、鲲鹏展翅、天狮守望、猴子观峡、飞崖石墙、元宝山、玉皇顶等诸多自然景观和人文景观。春夏时分，满目青翠，山花烂漫，仿佛置身于绿色的海洋；秋冬时节，或五彩缤纷，层林尽染，或银装素裹，宛若身处琼瑶仙境，可谓春夏秋冬景各异，阴晴雨雾山不同。遇到云海天气，在缆车中穿云破雾，或置身茫茫云海之上，犹如置身仙境。

范文2　北国江南——山水太行赛江南

八泉峡，位于山西省长治市壶关县大峡谷镇，是太行山大峡谷中最为壮观的一段。其名字来源于峡谷内八处泉眼，泉水同出一地，清澈甘冽，四季不竭，为这片山水增添了无尽的生机与活力。八泉峡全长约 17 千米，最宽处约 200 米，最窄处仅有 30 米，峡谷幽深，重峦叠嶂，水流湍急，景色秀美，被誉为"中国山水画的摇篮"。

走进八泉峡，仿佛置身于一幅巨大的山水画卷之中。抬头望去，天柱峰高耸入云，犹如一根擎天柱，直插云霄，令人叹为观止。周围群山环绕，绿树成荫，花香扑鼻。沿着游览步道行进，游客可以欣赏到峡谷内独特的自然风光，感受大自然的神奇魅力。沿途还可以看到许多奇特峰石，如"神龟探海""仙人指路"等，它们为八泉峡增添了几分神秘色彩。

除了壮丽的自然风光，八泉峡还有多处瀑布景观。其中最为壮观的是黑龙潭瀑布，高约30米，宽约50米，水势汹涌，声如雷鸣，蔚为壮观。黄龙泉瀑布、七彩瀑等众多瀑布景观也为游客带来了视觉与听觉的双重享受。这些瀑布从高处倾泻而下，形成一道道白色的水帘，水珠四溅，在阳光的照射下熠熠生辉，仿佛是大自然精心雕琢的艺术品。

在八泉峡的游览过程中，游客不仅可以欣赏到秀美的山水风光，还可以感受到浓郁的历史文化氛围。六亿年前，频繁的地壳活动使华北平原断裂，八泉峡雄峰突显，劈空而出，形成了高山峡谷地貌。在古代，八泉峡为兵家必争之地，曹操北征高干时曾写下"北上太行山，艰难何巍巍"的诗句，王安石也在此留下了清正廉洁的千古佳话。这些历史遗迹和传说故事为八泉峡增添了更多的文化内涵。

在江南地区，以其园林和古镇为最，江南园林文化繁荣，是中国园林研究的主要对象；古镇是江南文化的核心部位和典型代表。然而，与江南的园林和古镇相比，八泉峡的山水风光同样具有独特的魅力。八泉峡的山水景色不仅具有北方山水的雄浑壮观，还兼具南方山水的秀丽细腻。这里的山峰峻峭挺拔，峡谷幽深险峻，水流清澈湍急，瀑布飞瀑流泉，构成了一幅幅美丽的山水画卷。

此外，八泉峡的四季景色也各有特色。春天，万物复苏，峡谷内百花盛开，绿意盎然；夏天，山涧清凉，瀑布水量充沛，是避暑胜地；秋天，层林尽染，红叶满山，景色如画；冬天，银装素裹，冰瀑挂壁，宛如冰雪奇缘。无论何时来到八泉峡，都能感受到大自然的神奇魅力和山水之美的独特韵味。

近年来，八泉峡景区经过不断的开发和完善，已经成为一个集自然风光、历史文化、休闲娱乐为一体的综合性旅游景区。2020年，八泉峡景区更是被评为国家5A级景区，吸引越来越多的游客前来观光旅游。在这里，游客可以尽情领略大自然的鬼斧神工和山水之美的独特魅力，感受中国传统文化的深厚底蕴。

八泉峡山水太行以其独特的自然风光、浓郁的历史文化氛围和四季皆宜的旅游体验，与江南的园林和古镇相比毫不逊色。在这里，游客可以尽情领略大自然的神奇魅力和山水之间的独特韵味，感受中国传统文化的深厚底蕴。八泉峡，一个值得每一个人去探索和发现的美丽之地。

【讲解情景模拟实训】

一、实训目标

（1）通过模拟讲解训练，熟知太行山历史及八泉峡景观。

（2）熟知八泉峡游览路线，完成导游词创编。

（3）结合基本讲解方法，通过教师示范，掌握具体讲解方法，并通过分组和角色扮演进行讲解实训，亲身感受讲解过程，体会讲解导游词的感受。

二、实训步骤

（1）教师介绍常用的几种导游讲解方法并进行示范性讲解。

（2）学生分组模拟多种旅游团（如商务团、学生研学团、老年团等），每人依次进行导游讲解练习。

（3）每个学生按照参加全国导游口试标准，讲解8分钟导游词，4分钟专题，小组成员扮演游客予以配合。

（4）填写实训报告，回答相关问题。

三、问题思考

（1）请在5分钟内即兴讲述太行精神。

（2）请设计并至少列举三种太行山大峡谷游览路线。

（3）八泉峡按地质地貌、历史名人和游览路线的方式，分为哪几个游览区域？请简要说明。

【技能拓展与延伸】

（1）"红色太行"主题线路深耕战争年代山西大地上的红色记忆，以"太行的脊梁"为线路，请查阅相关资料，写出你的专题讲解词。

（2）根据所学知识与技能，分组进行合作探究活动，围绕太行山大峡谷的其他景点进行导游词创新编写，挖掘旅游资源，进行导游解说，然后拍摄成视频资料，在班级群内进行互动交流，展示其发展美、人文美、和谐美。

任务十八　皇城相府模拟讲解词实训

【学习目标】

1. 素养目标

（1）认同和追求卓越工匠精神。在训练过程中逐步提高精益求精、勇于创新的品质和意识。

（2）具备职业道德、责任心和团队合作精神，树立良好的职业形象。增强民族自豪感，坚定文化自信，厚植家国情怀，热爱家乡，讲好中国故事。

2. 知识目标

（1）熟知皇城相府概况，如位置、得名、规模、价值。

（2）掌握御书楼的讲解内容（如得名、对联），熟悉外城（如中道庄得名、匾额、城墙、石牌坊、冢宰第、小姐院、管家院）和内城（如内外城区别、斗筑居、藏兵洞、河山楼、御史府、世德院、陈氏宗祠）的讲解内容。

（3）悉知陈氏家史及陈氏的家族文化为这一景点导游词的灵魂。

3. 能力目标

（1）能够运用恰当的语言对皇城相府景区进行分析和描述，感受这座建筑的魅力与文化积淀。

（2）培养景区导游服务及撰写导游词的能力和技巧。

（3）养成日常积累、善于辨别、勤于思考的习惯，努力提高导游词编创水平。

（4）能够根据景点特点，创作具有吸引力和感染力的导游词，同时能够生动讲述历史故事和人物传奇。

【引言】

　　皇城相府，坐落于山西省晋城市阳城县北留镇，是清文渊阁大学士兼吏部尚书加三级、《康熙字典》总阅官、康熙三十五年（1696 年）经筵讲师陈廷敬的故居。这座古老的府邸，不仅是历史文化的瑰宝，更是中华民族传统建筑的典范。漫步其中，仿佛能穿越时空，感受到那个时代的风云变幻与人文气息。皇城相府以其独特的建筑风格和深厚的文化底蕴，吸引着无数游客前来探访。在这里，我们可以领略到古代官员的生活场景，体验到传统文化的魅力，更能够感受到中华民族悠久的历史与灿烂的文明。这座东方第一双城古堡，载满了清官宦臣几朝沧桑，也书写了一部传奇宰相史。

知识点 1　皇城相府的概况

一、位置

皇城相府位于晋城市阳城县北留镇以北 8 千米的皇城村，皇城村原名郭峪中道庄，因康熙帝曾两次驾临而改用现称。2011 年皇城相府被评为国家 5A 级旅游景区。

二、相府主人介绍

明代流寇侵扰，阳城一带村民、富户纷纷建城堡式建筑，以保卫生命财产。历经 300 年的风雨沧桑，目前仅皇城村、郭峪古村等少数村落基本保存完好。

陈廷敬（1638—1712 年）。

"宽大老成，几近完人。"——康熙皇帝评价陈廷敬。

他历任清康熙皇帝的老师、《康熙字典》总裁官、文渊阁大学士兼吏部尚书，相当于清初的宰相。

20 岁中进士，顺治帝在陈敬中间加"廷"。此后 54 年间，加官晋爵 28 次，辅佐康熙 51 年，是康熙皇帝的政治导师、肱骨重臣。一生倍受皇帝器重，康熙帝称之为"全人"。74 岁病逝，赐谥号为"文贞"，并派三皇子主持丧礼，护丧归葬故乡。

三、规模历史

2010 年间，午亭山村的总面积大约 4 万平方米，其中城堡的面积约 3.6 万平方米，城墙总长约 700 米，内城墙高度超过 10 米，宽 2.5~3 米不等，带垛墙的高度一般都在 12~13 米，外城的城墙高约 10 米。整个城堡共有大小城门 9 座、门洞 9 个、门楼、碉楼 11 个，另外在东城墙上还筑有马面墙 2 个，依城墙而做窑洞百余个，大型院落 19 处（平遥古城城墙全长 6 163 米）。高 12 米。与平遥古城和九边重镇太原的城墙等高。

（1）明崇祯五年（1632 年）为抵御流寇修建高达七层的河山楼。

（2）1633 年增建城堡，即今天的内城"斗筑居"。

（3）1703 年陈廷敬拜相入阁后，家族兴旺，修建外城中道庄并于康熙四十二年（1703 年）全部完工，历时 71 年。

知识点2　讲解路线

午亭山村，名为山村，实为山城，是由内外两个城堡组合而成的。内城创建于明崇祯年间（1628—1644年），名为"斗筑可居"，现存的古建筑有陈氏宗祠、世德院、树德院、河山楼等。外城创建于清康熙年间，题名为"中道庄"，现存的古建筑有冢宰第、西花园、东书院、管家院、石牌坊等。在中道庄的城门外，建有一座"御书楼"。据《晋城金石志》（1995年12月版）记载，该楼建成时，上有康熙皇帝御笔书赐陈廷敬、陈壮履父子诗作近20首，楹联4副，以及其他一些题记，潇洒飞逸，蔚为壮观。

一、御书楼

位置："中道庄"西门外。

建筑者：三子陈壮履（也参与了康熙字典的编撰）。

对联：春归乔木浓荫茂，秋到黄花晚节香。

为了表示对陈廷敬功德的褒奖，康熙皇帝在其花甲之年御笔亲题了"午亭山村"的匾额（图18-1），并表示这是他最后一次为臣子题字。

得名：康熙皇帝题词，后来被陈壮履恭摹勒石。建楼珍藏，也为展示皇恩浩荡。

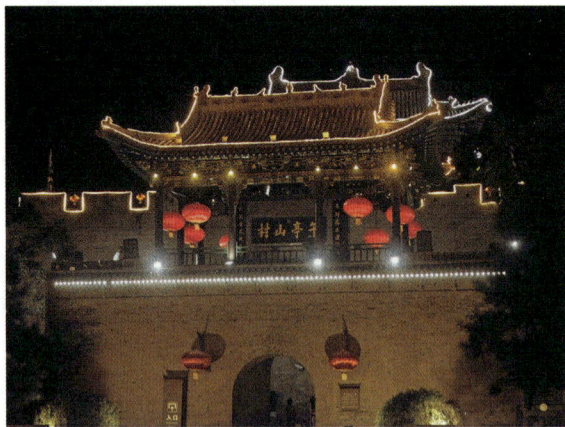

图18-1　御书楼

二、外城中道庄

（1）得名：紧依内城西墙而筑，基本呈方形。

（2）匾额：中道庄——村子位置居于其他两村之间。

主人恪守中庸之道，"天恩世德"，指世德堂，陈廷敬曾祖经商时商号名称。世德堂子孙们认为上天垂爱，皇恩浩荡，于是悬挂此匾额。

（3）石牌坊（两座，图18-2）。

图18-2　石碑坊

两柱一楼：建于顺治十四年（1657年），褒奖陈廷敬的父辈。这一年19岁的陈廷敬已考中举人，第二年考中进士。

四柱三楼：康熙三十八年（1699年），陈廷敬任经筵讲官、刑部尚书，陈家奉旨建造大牌坊。

"冢宰总宪"："冢宰"是宰相的别称，"总宪"是都察院左都御史的别称。

"一门衍泽，五世承恩"：陈氏家族五代人都受了浩荡皇恩。

下方镌刻着陈廷敬及陈氏家族取得的功名与官职，包括康熙皇帝对其父亲、祖父、曾祖父的历次追封。

（4）冢宰第。

陈廷敬的府邸中道庄的主体建筑，入阁拜相后曾挂"大学士第"的匾额。

正北厅堂内："点翰堂"——为康熙皇帝的亲笔。

传说康熙皇帝驾临皇城时，御笔钦点陈家第六位进士陈廷敬三子陈壮履为翰林，"点翰堂"因此得名。

（5）小姐院：屋顶为卷棚顶（没有正脊、脊兽），与周边房屋形成鲜明对照。这是封建社会"男尊女卑"，女眷必须顺从封建礼制的传统观念的真实体现。

（6）管家院：正房是一层，简单、朴素，体现封建社会"尊卑有分，上下有等、内外有别"的传统礼制观念。

管家院后阴森的"面壁思过室"，是相府全体人员触犯家规后反省思过的地方，体现了一个名门望族的严谨家风。

三、内城"斗筑居"

（1）斗筑居：内城，形似斗状，"小小斗室之中保安求存之地"。为躲避流寇侵扰，由伯父陈昌言修建。匾额"斗筑可居"为陈昌言手书。

（2）藏兵洞：5层125间窑洞，战时家丁、垛夫藏身小憩之用。

（3）河山楼：标志性建筑，取"河山为圉"之意。

修建原因，崇祯五年（1632年），为抵御流寇侵扰，由陈昌言、陈昌期、陈昌齐三兄弟合力建造。

规模共七层，战乱时期族人避敌藏身之所，可同时容纳千人避难。

建筑设计科学，三层以上设窗户，"内收方"增加稳固性，楼顶有垛口、堞楼，底层深入地下，开辟秘密地道，便于转移逃生。楼内设备有水井、碾、磨等生活设施，储备了大量的粮食，以应对可能出现的长期围困。

（4）"世德院"。

陈廷敬曾祖父陈三乐，因经商时商号为"世德堂"而得名。

陈氏家族移居中道庄时所建，为皇城相府内现存最早的建筑，世德居是陈氏家族繁荣昌盛的发祥地。

陈廷敬出生于世德居第一层东房。

（5）陈氏宗祠。

乾隆皇帝亲书楹联：德积一门九进士，恩荣三世六翰林。

【导游词范文赏析】

范文1　帝师故里——相府巨宅筑皇城

大家好，我是您此行的导游，今天我们要参观游览的便是有着"双城古堡、名相故里"之美称的皇城相府。

皇城相府是建于明清两代的东方古城堡。2011年评为国家5A级旅游景区，是清文渊阁大学士兼吏部尚书、康熙皇帝的老师、《康熙字典》的总裁官——陈廷敬的故居（图18-3）。

图18-3　陈廷敬故居

有人把皇城相府比作一顶皇冠，御书楼就是这顶皇冠上最璀璨的明珠。今天我们就来感受一下皇城相府中这颗明珠的魅力。

游客朋友们，我们眼前这座金碧辉煌的建筑就是御书楼。楼上因珍藏康熙皇帝御笔而得名。它修建于康熙五十三年，也就是1714年，是陈廷敬的三儿子陈壮履为纪念去世的父亲陈廷敬而修建的。它面阔三间，进深两间，单檐歇山顶，楼顶采用明黄色琉璃瓦，体现着无与伦比的尊贵。请大家随我一同上楼去参观康熙皇帝的墨宝吧。上来之后，我们首先看到的是"午亭山村"的匾额及旁边"春归乔木浓荫茂，秋到黄花晚节香"的楹联。午亭为陈廷敬晚号，康熙皇帝用他的晚号为其故居命名，是对这位辅弼良臣的最高褒奖。"春归乔木浓荫茂，秋到黄花晚节香"是说他青壮年时事业有成，像春天的乔木是国家的栋梁，晚年品节昭明带病工作，像凌霜的菊花，霜而不凋，香飘万里。这副匾联是康熙皇帝对陈廷敬一生功绩的至高评价，每个字都饱含着康熙皇帝对这位老臣的深深眷恋之情。

陈廷敬一生参与编纂的书籍很多，主要有十几部，如《大清一统志》《明史》等，其中最重要的当属《康熙字典》。编修《康熙字典》时，陈廷敬已年过七旬。此前，他多次向康熙皇帝提出辞官回乡，都被康熙皇帝温言挽留。康熙四十九年（1710年），72岁的陈廷敬再次因耳疾力请辞官，康熙皇帝虽命他原官解任，却又让他总裁《康熙字典》的编修。第二年，康熙皇帝巡视书房，看到白发苍苍的陈廷敬在一群黑发人中认真审编字典，很是感动，便赠予他"午亭山村"（陈廷敬晚号午亭）几个字，以及一副楹联：春归乔木浓荫茂，秋到黄花晚节香。并动情地说"卿是耆旧，可称完人，朕特书此匾联赐卿，自此再不与人写字矣"。

陈廷敬在朝为官53年，《大清相国》一书的作者王跃文说："清官多酷，陈廷敬是清官，却宅心仁厚；好官多庸，陈廷敬是好官，却精明强干；能官多专，陈廷敬是能官，却从善如流；德官多懦，陈廷敬是德官，却不乏铁腕。"在皇城相府您领略到的不仅仅只是巍峨雄壮的民宅官邸，更是一代名相陈廷敬恪慎清勤的为官之道和光照千秋的卓越人生！

从明孝宗到清乾隆帝间的260年中，陈氏家族共出现了41位贡生，19位举人，并有9人中进士，6人入翰林，享有"德积一门九进士，恩荣三世六翰林"的美誉。相府主人陈廷敬一生28次升迁，在朝为官53年，是康熙皇帝最为尊重的老师和最可信赖的肱股之臣，康熙皇帝给予了陈廷敬"宽大老成，几近完人"的至高评价。几百年来，相府见证了陈廷敬位极人臣时的荣耀，也见证了他在3个世纪后再次成为当代官员的榜样。让我们一起走进皇城相府，去追寻这一代名相堪称典范的经历吧！

范文2　文化巨宅——帝师从这里走来

皇城相府晋之雄，万古流芳世敬崇。

雅阁琼楼藏伟绩，高墙叠院载丰功。

各位游客朋友，大家好！今天我们要参观游览的是一座百年官宅——皇城相府。

皇城相府（图18-4）位于阳城县北留镇皇城村，是清康熙皇帝的老师、文渊阁大学士兼吏部尚书陈廷敬的故居。陈廷敬晚号午亭，先后加官进爵28次，辅佐康熙皇帝51年，为康熙皇帝的政治导师和肱股重臣。因陈廷敬最后出任官职为文渊阁大学士，相当于清初的宰相，故名"相府"，又因康熙皇帝两次下榻，又名皇城。皇城相府有城门9座，分为内外两城，内城"斗筑居"依山而建，外城"中道庄"，坐北朝南，遥相呼应，浑然天成。2011年被评为国家5A级景区，被专家誉为"中国北方第一文化巨族之宅"。

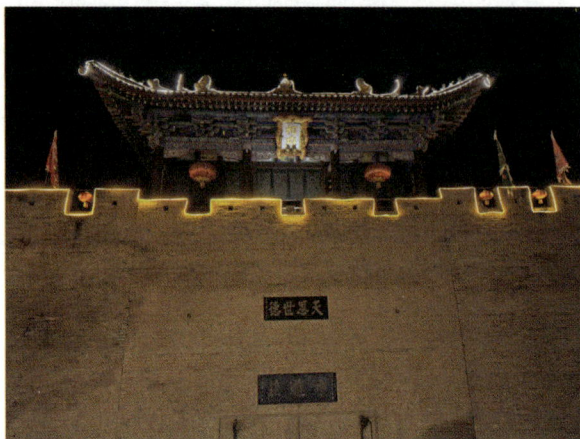

图 18-4　皇城相府

　　游客朋友们，请大家随我一道走进皇城相府。

　　现在我们眼前看到的是御书楼，位于"中道庄"西门外，是陈廷敬三子陈壮履为彰显皇恩浩荡而建。1711年，正值陈廷敬参与编撰《康熙字典》，康熙皇帝来到书局视察，看到自己的老师白发苍苍、伏案疾书的情景，非常动容，当即挥毫泼墨，假以陈廷敬的晚号"午亭"写下了"午亭山村"匾额，和"春归乔木浓荫茂，秋到黄花晚节香"楹联。赞誉陈廷敬这一生如春木浓茂、秋花晚香一般清贫高贵。

　　走进中道庄，看到的是两座石牌坊。这座两柱一楼的小牌坊建于清顺治十四年（1657年），褒奖的是陈廷敬的父辈，正是这座象征着家族荣耀的小牌坊，鼓舞着19岁的陈廷敬在考取举人之后又连中进士。清康熙三十八年（1699年），陈廷敬以其渊博的学识、严谨的官风，赢得康熙皇帝的赞誉，因此陈廷敬奉旨建造大牌坊。大牌坊四柱三楼，气势恢宏，正上方镌刻着"冢宰总宪"四个大字，两侧镌刻着"一门衍泽"和"五世承恩"八个大字，是康熙皇帝对陈廷敬官职的肯定和对陈氏家族历代的恩宠。

　　穿过石牌坊，走过陈廷敬的府邸"冢宰第"，走进内城可以看到内城斗筑居北部有皇城相府的标志性建筑河山楼（图18-5），取自"河山为囿"之意，已历经近400年的风雨沧桑。楼共七层，长约11米，宽约8米，高约33米，整体为砖石结构，设有方木，并有暗道通往城外，是战乱时族人避敌藏身之处。

　　作为民用军事防御堡垒，河山楼的设计非常科学。三层以上才设有窗户，进入堡垒的石门高悬于两层之上，通过吊桥与地面相通，整个河山楼只在南面开一拱门，门设两道，为防火攻，外门为石门，门后有杠栓。城外墙整齐划一，内部则逐层递减，呈倒八字形状，建筑学家称为"内收方"。这种构造增加了楼体的稳固性。楼顶建有垛口和堞楼，便于瞭望敌情，每层间有梯道或木梯相通，底层深入地下，开辟了秘密地道，便于转移逃生。楼内还备有水井、碾、磨等生活设施，储备大量粮食，以应对可能出现的长期围困，可同时容纳千余人避难。

图 18-5　河山楼

河山楼工程尚未完工时，流寇突然来袭，陈氏家族及附近村民 8 000 余人进楼避难。流寇久攻不下，知难而退，撤兵离去。此后 10 个月里，流寇又先后 3 次进犯，依靠河山楼的庇佑而逃过兵灾的村民多达数千人次。

皇城相府不仅是一座东方建筑古堡，更是文化复兴的精神宝库，陈氏家族以其渊博的学识、严谨的家风，为中华民族几千年文脉传承立下了汗马功劳。

一重门第，思守一方厚土；一进府院，德擎一片高天。皇城相府是三晋大地的文化图腾。谢谢大家，皇城相府欢迎您。

【讲解情景模拟实训】

康熙皇帝与陈廷敬

一、实训目标

（1）通过模拟讲解训练，熟知皇城相府的建筑历史以及建筑文化特点。

（2）熟知皇城相府承载的陈氏家族的文化底蕴，完成导游词创编。

（3）结合基本讲解方法，通过教师示范，掌握具体讲解方法，并通过分组和角色扮演进行讲解实训，亲身感受讲解过程，体会讲解导游词的感受。

二、实训步骤

（1）教师介绍常用的几种导游讲解方法并进行示范性讲解。

（2）学生分组模拟多种旅游团（如商务团、学生研学团、老年团等），每人依次进行导游讲解练习。

（3）每个学生按照参加全国导游口试标准，讲解8分钟导游词，4分钟专题，小组成员扮演游客予以配合。

（4）填写实训报告，回答相关问题。

三、问题思考 ≫

（1）请在2分钟内即兴讲述皇城相府的建筑历史。

（2）请简述陈氏家族的文化内涵以及文化传承的精神。

（3）在皇城相府按照内城、外城的讲解路线中，如何讲好它承载的文化教育力量，并弘扬文化的激励作用？

【技能拓展与延伸】

（1）皇城相府的价值不仅在于它宏伟的建筑，还在于它丰富的历史文化内涵。陈氏家族不仅留下众多的诗文、遗著和传说，而且有作为清朝极盛时期最高统治者康熙皇帝的大量御书、御诗、牌匾、挽诗，一个朝臣宰辅的故地，能遗存这样多的皇帝御笔，在历史上是很少见的。皇城相府对于研究明清中国政治、经济、文化、民俗、哲学、建筑等均有重要价值。这也正是它独具魅力的地方。请你说出学习了皇城相府之后，对于文化传家的见解。

（2）根据所学知识与技能，分组进行合作探究活动，围绕阳城地区的其他人文景点进行导游词创新编写，挖掘旅游资源，进行导游解说，然后拍摄成视频资料，在班级群内（或专业网站）进行互动交流，展示其发展美、人文美、和谐美。

金牌导游说大同

附录一　古城大同

美丽古城，作为一名导游，今天我想跟您说一说咱大同，说一说这塞上古都天下大同的大不同。大同作为北魏帝都、辽金陪都、明清重镇，在千年的历史积淀后，古朴厚重的文化古城却蕴含着无限的能量，当古老的气息和异域般的塞外风情在此交汇之时，大同的面纱也被逐渐揭开，从北魏时期气势恢宏的云冈石窟到辽金时期的华严寺，从神秘的佛、道、儒交融的悬空寺再到至今仍仙气缭绕的道教名山——北岳恒山，这座塞外之城，将多民族的文化完美地交融到自己的血液当中，造就出了一幅崭新的天下大同。

过去的大同有张城市名片叫作中国煤都，因为生产煤炭能源结构单一，制约经济发展的同时也带来了一系列环境问题，要想长久地可持续发展，就必须走转型跨越的发展之路。正在这个时候，山西肩负起了转型综改示范区的重大任务，大同争当能源革命和改革开放的两个尖兵，持续推进了三大振兴的步伐，加快建设了美丽、富裕、幸福的新能源之都，现在的大同从黑色煤炭的历史中走来，正朝着绿色发展中走去。

大同市云州区素有黄花之乡的美誉，有着600多年的黄花栽培史，火山脚下的地理、气候、土壤条件孕育出了六瓣七蕊的独特大同黄花。黄花又称萱草，是中国最早的母亲花，"莫道农家无宝玉，遍地黄花是金针"，它的品相、品质居全国四大产业区之冠，色泽金黄，盏盏清幽，亦花亦菜，曾荣获第十二届农博会金奖，获得国家原产地保护标志。正是在这样的盛誉下，这支富有深厚历史文化内涵的独特大同黄花，被选为大同市花。古老云州产黄花，默默黄花含古韵，为了大力发展乡村旅游事业，大同市云州区打造出一村一品一主体的产业发展项目，而大同黄花也早已成为大同最具代表性的特色产业。

2020年，作为实现两个一百年奋斗目标的历史交汇之年，作为脱贫攻坚的收官之年，作为山西转型的重要历史时刻，习近平总书记亲临山西指导工作，第一站便来到了大同。在视察时，习近平总书记指出，对于大同黄花产业，要保护好、发展好这个产业，让黄花成为群众脱贫致富的"摇钱草"。做大做强，做成全国知名品牌，直至成为富民兴农的支柱产业，成为巩固脱贫成果，推动乡村振兴的特色产业，为全市决战决胜脱贫趟出一条路来。

今天，我也用纸折了一朵大同黄花，把它带到了赛场上来，在向各位评委老师推荐介绍大同黄花的同时，也表达一份我对家乡的热爱。红根已深植，今日正繁荣，今天的大同正在腾飞，明天的大同敬请期待，作为大同的一名导游，我深知，这座城市有着时间所沉淀的踏实感，梦想变成现实的获得感，而这座城市的建设者，正是我这样的归属感。古城大同，山河静美，340 万大同人民正张开双臂，期待着您的到来！

附录二　红色大同

在您的眼中，大同一定是这样一座城，它是投射着王朝背影的北魏古都，它是流淌着滚滚乌金的福地宝城，可是您是否知道，大同还是一座曾燃起烽烟的抗战之城，一座承载着红色记忆的英雄之城？今天我向您推荐的是珍藏着这段历史的红色大同。

2019 年冬，大同红色记忆馆在古城开馆，馆中展出的 12 件手术器械引起轰动，这是国际主义战士白求恩大夫使用过的战地医疗器械，它们辉映着英雄的斑斑碧血，宣策着抗战铿锵记忆，为何这 12 件国家一线历史文物，没有出现在首都北京的国家博物馆，也没有出现在白求恩的故乡加拿大安大略省，却出现在古城大同这静立的四合院中？请和我走进古城，寻找烽烟往事。

1938 年深秋，抗日战争如火如荼，雁北前线军情紧急，白求恩放弃了优越的生活，远渡重洋来到了艰苦的抗战一线——大同灵丘建立起战地医院，峥嵘岁月中，憨厚朴实的大同百姓与大医精诚的白求恩大夫结下了深厚的友情，在抗击侵略的北大战争中，大同儿女满腔赤诚、丹心闪耀，1939 年 11 月白求恩不慎感染，临终前他把遗物转交给党组织分送给身边的战友，并刻意将 12 件自己使用过的医疗器械留给助手。他深情地说，在大同灵丘的日子是他一生中最快乐的时光。白求恩将自己的一切，乃至生命留在了中国，善良的大同人也没有忘记他，这 12 件手术器械被用心珍藏。您看，时至今日，它们依旧银光闪闪，感召着一代又一代的大同儿女。

黄河东去不舍昼夜，波澜壮阔砥柱中流，多少古今英雄，多少悲欢永义汇入大地苍茫。庚子年初，一场百年大疫笼罩华夏，号令出、风雷动、旌旗展、勇士奔，接到国家及省会建委的指令后，大同市三医院、五医院共五批 152 名医护人员闻令而动，星夜集结奔赴武汉火线支援，出征之前他们来到红色记忆馆，在白求恩大夫的塑像前重温入党誓词，"愿得此生常报国，越是艰险越向前"，置身于红色大同，我们仿佛和战友痛击日寇浴血奋战，置身于红色大同我们仿佛与白求恩携手并肩救治伤员，置身于红色大同我们和同胞举国同心共赴国难，这段红色记忆国家怎能忘记，人民怎能忘记，历史怎能忘记，我倾情向您推荐红色之城大同，请您来大同，我们一起重走烽火路，致敬英雄城！

附录三　幸福大同

　　大同被誉为塞外名城，处在内外长城之间，三面环山运河纵贯南北，长期以来人们对大同的认知止于煤炭的富饶、云冈的孤立，而大同的好何止这些？今天我们一同来聊一聊大同那些事儿。

　　小时候我所认知的大同，是爷爷告诉我的民族融合史。那时，家在云冈脚下，每当夜幕降临，爷爷就会给我们讲那过去的故事。在春秋战国时期，赵武陵王在这里推广胡服骑射，成就一代大业，公元398年鲜卑拓跋族在这里统一北方建立北魏，北魏帝都，辽金陪都，明清重镇，当古老的气息和异域风情在这里交汇时，大同的面纱被逐渐掀开，从北魏时期的云冈石窟，到辽金时期的华严寺、善化寺，从佛道儒交汇的悬空寺，到至今仍仙气缭绕的恒山，大同将多民族的文化融入自己的血液里。

　　长大以后我所认知的大同，是爸爸告诉我的拼搏奋斗史。那时，家在城墙脚下，每天晚上都能听到爸爸和隔壁大爷的聊天，同城公司曾是全亚洲最大的蒸汽机研发基地，现在与白俄罗斯的合作更是中国铁路技术设备首次出口欧洲，大同二电厂作为国家西电供送的主力电厂，肩负着向首都北京输送优质电能的重任。当我听到这里的时候，自豪之情油然而生。每次乘坐高铁的时候都会不经意地看看车头，也许这也是同城公司生产的。

　　如今我所认知的大同，是绿色崛起的转型发展史。家在御河东岸，每天都能够感受到这个城市的变化，被誉为21世纪最具潜能的能源，新能源成为打通转型发展的革命尖兵，而大同氢都文化公园更成为当下年轻人最热衷的打卡地。仰望大同市区北面，一排排发电板整齐划一，这里是被誉为全球最萌的电站，大同熊猫光伏电站——而它还有一个特别可爱的名字——琪琪和点点。走进云州区，一片连着一片的黄花地，正值花期，田间采摘的花民和游玩的游客构成了一幅幅绝美的画卷。2020年5月11日，习近平总书记来到大同实地考察并指出要巩固脱贫攻坚成果，让黄花成为咱老百姓的花。

现在的大同人，真的太幸福了，清晨在文瀛湖晨练，在红光深色之间酣畅地呼吸新鲜的空气，感受着大同蓝带给我们的惬意。早晨到百年老店凤临阁来一碗大同刀削面，再来一笼百花烧麦，开启元气满满的一天。工作结束以后，跟着三五好友来到大同老火锅品味大同的美味在唇齿间舞动，餐后来到潘家园走一走，再点一份特色小吃凉粉，顿时神清气爽。再看一出大同数来宝，保证让您捧腹大笑，忘掉一天的烦恼。回家的路上，经过明堂公园进入院内，闭上双眼感受花木兰替父从军、凯旋觐见天子的盛大场面，而睁开眼看到的是一个个热爱生活的大妈跳着广场舞，享受着幸福的晚年生活。

大同，传承着两千年的文明，蕴藏着丰富的资源，融合着多民族的文化，至今它仍绽放着自己独有的光芒，亲爱的朋友，你们做好准备了吗？现在请大家和我一同走入大同，体验生活，感受幸福，幸福大同欢迎你！

参 考 文 献

［1］李凭. 北朝民族融合与中华文明的多元一体化历程［M］. 兰州：兰州大学出版社，2007.

［2］宿白. 中国石窟寺研究［M］. 北京：文物出版社，1996.

［3］柴泽俊. 悬空寺［M］. 北京：文物出版社，2009.

［4］梁思成. 应县佛宫寺释迦塔［M］. 北京：文物出版社，1986.

［5］靳生禾，谢鸿喜. 中国长城志·边镇·军堡·关隘［M］. 南京：江苏凤凰科学技术出版社，2007.

［6］柴泽俊. 山西古建筑文化综论［M］. 北京：文物出版社，2005.

［7］张伟. 显通寺：佛教艺术的瑰宝［J］. 五台山研究，2012（01）.

［8］刘阳. 晋祠建筑艺术探微［J］. 古建筑研究，2017（01）.

［9］杨柳. 绵山：忠孝之地的文化解析［J］. 民俗学，2019（02）.

［10］李娜. 乔家大院：晋商文化的缩影［J］. 文化遗产，2017（01）.

［11］刘芳. 平遥古城的建筑与文化保护［J］. 文物保护，2019（03）.

［12］李刚. 帝师陈廷敬与皇城相府［J］. 历史人物，2014（01）.

［13］郑伟. 八泉峡：太行深处的自然奇观［J］. 中国地理，2019（05）.

［14］王晓丽. 云丘山的生态与旅游开发［J］. 生态旅游，2016（02）.

［15］张丽. 壶口瀑布的四季景观变化［J］. 旅游地理，2019（01）.

［16］陈晓明. 洪洞大槐树：根祖文化的象征［J］. 民俗研究，2016（01）.